广东省质量工程项目：国际经济贸
综合改革试点项目成果

国际贸易案例分析

Case Analyses of International Trade

主　编　左连村
副主编　李燕飞　高　洁

中山大学出版社
·广州·

版权所有　翻印必究

图书在版编目（CIP）数据

国际贸易案例分析/左连村主编.—广州：中山大学出版社，2018.1
ISBN 978-7-306-06198-0

Ⅰ.①国… Ⅱ.①左… Ⅲ.①国际贸易—案例 Ⅳ.①F74

中国版本图书馆 CIP 数据核字（2017）第 242630 号

GUOJI MAOYI ANLI FENXI

出 版 人：徐　劲
策划编辑：金继伟
责任编辑：林彩云
封面设计：曾　斌
责任校对：李艳清
责任技编：何雅涛
出版发行：中山大学出版社
电　　话：编辑部 020-84110771，84111996，84111997，84113349
　　　　　发行部 020-84111998，84111981，84111160
地　　址：广州市新港西路 135 号
邮　　编：510275　传真：020-84036565
网　　址：http://www.zsup.com.cn　E-mail：zdcbs@mail.sysu.edu.cn
印 刷 者：广东虎彩云印刷有限公司
规　　格：787mm×1092mm　1/16　14 印张　280 千字
版次印次：2018 年 1 月第 1 版　2024 年 6 月第 5 次印刷
定　　价：39.80 元

如发现本书因印装质量影响阅读，请与出版社发行部联系调换。

前　言

　　本书主要根据WTO（世界贸易组织）框架协议所涉及的内容，并结合区域贸易发展的新形势，选编相关的国际贸易案例进行解析。全书内容共分为三编，第一编是国际货物贸易，第二编是国际服务贸易，第三编是知识产权保护。本书的编写特点是，每章由章前导读与案例研究两部分组成，每个案例包括三部分内容，第一是案例介绍，第二是案例分析，第三是讨论与思考。

　　本书编写的案例涉及领域全面，选择案例新颖、实用，具有代表性。本书适合从事国际经济、国际贸易、国际金融、国际企业管理、国际商法的本专科生、研究生、专业教师和专业研究人员作为专业教学与研究用书，也适合从事实际工作的人员以及其他对该领域有兴趣的人士作为学习参考用书。

　　本书是广东省高等学校"专业综合改革试点"（国际经济与贸易）项目成果，全书由广东外语外贸大学南国商学院国际经济与贸易专业的老师集体完成。参加本书撰写的人员分工是：第一编的第一、第五章由肖志坚博士撰写，第二、第三章由余萍博士撰写，第四、第六章由高洁老师撰写，第七、第八章由胡萍老师撰写；第二编的第九、第十章由许健上老师撰写，第十一、第十二、第十三章由李燕飞老师撰写；第三编的第十四至十九章由罗惠铭老师撰写。

　　全书由左连村教授确定写作理念、拟定写作大纲、设计各章关键词及写作导向，并对全书进行修改、增删、总纂定稿。

目　录

第一编　国际货物贸易

第一章　国际贸易术语与国际惯例……………………………………（2）
　案例一　FOB 下货运代理是否应承担货物灭失的赔偿责任　……（2）
　案例二　FOB 合同与无单放货　………………………………………（6）
　案例三　CIF 下贸易合同延迟交货的责任　…………………………（10）
　案例四　内陆出口选择 CIF 还是 CIP？　……………………………（13）

第二章　国际货物买卖合同签订………………………………………（16）
　案例一　我国 BC 公司和美国 JR 公司磋商案　……………………（16）
　案例二　发盘是否有效争议案　………………………………………（22）
　案例三　有效发盘的取消案　…………………………………………（26）
　案例四　合同的撤销和改约案　………………………………………（28）

第三章　商品品质、数量、包装………………………………………（33）
　案例一　合同品质条款签订不当引起的纠纷案　……………………（33）
　案例二　合同品质条款签订不当引起的纠纷案　……………………（37）
　案例三　按规定数量交货却遭拒绝案　………………………………（40）
　案例四　合同包装条款签订不当引起的纠纷案　……………………（43）

第四章　国际货物运输与保险…………………………………………（49）
　案例一　承运人责任导致进口大豆霉变　……………………………（49）
　案例二　海运货损分保与再保　………………………………………（54）
　案例三　海运全损的认定及一切险的赔偿　…………………………（63）

第五章　国际货款的收付与结算………………………………………（67）
　案例一　承兑交单支付方式　…………………………………………（67）
　案例二　D/P 远期支付方式　…………………………………………（71）
　案例三　信用证的到期日与交单期　…………………………………（73）
　案例四　信用证严格相符原则　………………………………………（75）

第六章　国际货物贸易方式 (79)
 案例一　用劣质原料进行进料加工贸易 (79)
 案例二　外贸公司代理出口宝石损失惨重 (81)
 案例三　OEM（定牌加工）业务侵权 (83)
 案例四　来料加工由于信用证"软条款"引起的索赔 (86)

第七章　违约、仲裁与索赔 (90)
 案例一　未按期装船，卖方应承担违约责任 (90)
 案例二　国际货物买卖合同违约及其补救方法 (93)
 案例三　中国出口公司诉韩国公司国际货物买卖合同纠纷案 (94)

第八章　国际货物贸易综合案例分析 (97)
 案例一　中国 S 贸易公司与法国 F 有限公司合同争议仲裁案 (97)
 案例二　中国某公司与瑞士某公司红豆销售合同争议仲裁案 (100)

第二编　国际服务贸易

第九章　跨境交付 (106)
 案例一　"SFbuy"试水"跨境寄递 + 海淘"业务 (106)
 案例二　"Wechat"的海外之路 (111)
 案例三　互联网金融两例——ING 直销银行和 P2P 点融网 (115)

第十章　境外消费 (124)
 案例一　韩国整容旅游解密 (124)
 案例二　中国出国留学热 (128)
 案例三　去巴西看世界杯 (132)

第十一章　商业存在 (137)
 案例一　外资金融机构在华投资的主要趋势 (137)
 案例二　美国 Kaplan 教育集团在华投资 (140)

第十二章　自然人流动 (144)
 案例一　菲律宾的劳务输出 (144)

案例二　中新劳务合作……………………………………………（147）
第十三章　国际服务贸易综合案例分析……………………………（151）
　　案例一　亚运会对广州服务贸易的影响…………………………（151）
　　案例二　埃及积极拓展全球服务外包市场………………………（157）
　　案例三　中澳自贸区谈判：服务业开放将成热点………………（160）

第三编　知识产权保护

第十四章　集成电路知识产权的国际保护…………………………（164）
　　案例　Brooktree 公司诉 AMD 公司案……………………………（164）
第十五章　驰名商标的国际保护……………………………………（169）
　　案例　辉瑞有限公司等申请不正当竞争、侵犯未注册
　　　　　驰名商标权纠纷再审案……………………………………（169）
第十六章　数据库的法律保护………………………………………（178）
　　案例　英国赛马委员会诉 William Hill 公司数据库侵权案……（178）
第十七章　互联网域名及有关问题…………………………………（183）
　　案例一　李谋江与 NCR 国际公司网络域名权属纠纷案………（183）
　　案例二　施华洛公司诉上海王星公司、王晨昀案………………（189）
第十八章　遗传资源、传统知识及民间文学艺术表达的法律保护
　　　　　………………………………………………………………（195）
　　案例　Enola 豆案……………………………………………………（195）
第十九章　知识产权保护综合案例分析……………………………（200）
　　案例一　"FACEBOOK" 商标异议复审案…………………………（200）
　　案例二　苹果公司告深圳唯冠公司案……………………………（205）

主要参考文献……………………………………………………………（211）

第一编

国际货物贸易

第一章　国际贸易术语与国际惯例

章前导读

贸易术语（Trade Terms），又称为贸易条件、价格术语。它是在长期的国际贸易实践中产生的，用来表明商品的价格构成，说明货物交接过程中有关的风险、责任和费用划分问题的专门用语。贸易术语所表示的贸易条件，主要分为两个方面：其一，说明商品的价格构成，是否包括成本以外的主要从属费用，即运费和保险；其二，确定交货条件，即说明买卖双方在交接货物方面彼此所承担的责任、费用和风险的划分。

贸易术语的作用：第一，简化交易磋商手续，缩短成交时间，节约费用开支；第二，有利于交易双方进行比价和加强成本核算；第三，有利于解决贸易争端。

因此，贸易双方在使用贸易术语的时候，应该注明使用的是哪个版本，避免不必要的误会而导致贸易纠纷。由于目前的国际货物贸易都是通过海洋运输，所以，在案例分析部分着重阐述了使用 FOB（Free On Board，离岸价）和 CIF（Cost, Insurance and Freight，成本加保险费加运费）时所遇到的风险以及如何避免这些风险。

案例

案例一　FOB下货运代理是否应承担货物灭失的赔偿责任

一、案例介绍

2010 年 5 月 7 日，浙江甲公司与香港乙公司签订了丝绸销售合同，约

定贸易术语为 FOB 上海，按信用证要求装运。5 月 20 日，乙公司向甲公司传真告如浙江丙公司（以下简称"丙货运"）的地址、电话、传真号码和联系人等。甲公司遂将本公司的出口货物明细表传真给丙货运，后丙货运出具进仓单，通知甲公司将上述货物在规定的期限内送至指定仓库。甲公司交货后，丙货运以甲公司名义办理了装货、商检、报关等事宜。

甲公司确认涉案提单内容后取得了四套香港丁公司（以下简称"丁船务"）签发的宁波至吉大港（现为香港葵涌）的全程提单。该提单由丁船务以提单抬头承运人的身份签发。涉案提单加注了签单人丁船务及卸货港船公司代理的地址、电话和传真号码。

丙货运与丁船务之间的往来传真文件内容显示，丁船务委托丙货运联络发货人甲公司，安排宁波至香港的一程货物运输和报关，完成货物从发货人到丁船务的交接。双方还约定了具体的代付运费和操作费金额。丙货运向实际承运人戊船务公司订舱，货物运至香港后，均向丁船务汇报船名、开航日期、提单号等情况。货物运至香港后，被丁船务凭戊船务公司的提单提取。2010 年 6 月 19 日，丙货运收取丁船务通过银行转账所支付的一程运费。

之后，甲公司曾用丁船务提单向银行议付，开证行以"客检证会签"系伪造为由而退单。甲公司即要求丙货运通知承运人丁船务扣货并将货物退运回宁波，但四套提单项下的货物及丁船务均已下落不明。甲公司遂提起本案诉讼，要求丙货运承担货物灭失的赔偿责任。经查，香港商业登记署没有乙公司和丁船务的登记资料。

审理结果如下：一审法院经审理认为，甲公司通过出口货物明细表委托丙货运出运货物并取得提单，丙货运代办货物报关、订舱等业务，双方存在事实上的货运代理关系。丙货运的代理行为符合国际货运代理人的操作惯例和基本义务，并无过错，甲公司确认并取得提单时，对丁船务承运人的地位已表示认同。甲公司货物失控、收款未成，是其确认并接受丁船务提单所造成的风险结果，与丙货运的代理行为没有因果关系。法院遂判决对甲公司要求判令丙货运赔偿损失的诉讼请求不予支持。

一审判决后，甲公司不服，提起上诉。二审法院经审理认为，甲公司与丙货运之间不存在委托订舱的法律关系。本案所涉货物以 FOB 价格条件（起运港船上交货）成交出口，在贸易双方无特别约定的情况下，租船订舱是买方义务，上诉人甲公司作为卖方无须委托他人订舱出运货物，丙货运应是接受涉案提单承运人的委托进行订舱。当甲公司确认和取得提单时，其对丙货运系承运人代理人的身份应是清楚的。甲公司主张丙货运制作和交付提单，未提供相应证据，甲公司该上诉理由不足以证明双方存在委托订舱关系。此外，丁船务已向丙货运支付一程海运费的事实，也可佐证丙货运系买方指定的承运人丁船务的装货港代理人，丙货运关于其接受丁船务的委托接收货物，向实际承运人订舱的陈述是合理、可信的。从现有证据分析，涉案货物灭失可能是贸易买方欺诈所致，甲公司不能证明丙货运明知或参与欺诈，应自行承担商业风险。丙货运为涉案货物全面、正确地代办了报关、报验、装船等货代事宜，其行为与货物灭失没有因果关系。故甲公司主张丙货运代理承担过错，应承担赔偿责任的上诉理由没有事实和法律依据，其诉讼请求不能予以支持。同时，原判决认定双方存在委托订舱的法律关系证据不足，应予纠正。据此，二审撤销一审判决。

二、案例分析

本案中的货运代理人丙货运是否应当承担货物灭失的赔偿责任？一、二审对此的判决从结果上看似乎是一致的——对被代理人甲公司的诉讼请求不予支持，但依据的理由却截然不同。一审认为甲公司与丙货运存在委托订舱的法律关系，丙货运的代理行为没有过错因而不承担责任；二审则认为双方之间不存在委托订舱的法律关系，甲公司基于货运代理合同关系要求丙货运承担代理不当责任的理由不能成立。由此可见，本案最大的争议焦点就是甲公司与丙货运之间是否存在委托订舱的法律关系。

首先，本案所涉货物以 FOB 价格条件成交出口，在贸易合同双方无特别约定的情况下，租船订舱是贸易合同买方的义务，甲公司作为卖方没有义务委托他人订舱出运货物。

其次，货运代理人（以下简称"货代"）的业务范围所含甚广，包括向承运人订舱、与货主和承运人交接货物、装箱、报关、报验、仓储等等。这些事项属于双方自由约定的合同义务，可以由当事人在货运代理合同中选择若干作为委托内容，而不是货代必须全部履行的法定义务，不能根据货代公司代办了部分事宜就推断出其必然代办包括订舱在内的全部货代业务；甲公司与丙货运之间没有货运代理的书面协议，丙货运向实际承运人订的舱位是从宁波至香港的运输，也不符合甲公司上海至吉大港的所谓订舱要求。从现有证据分析，丙货运的行为仅表明其以甲公司的名义办理了货物的装箱、商检、报关等事宜并收取了相关费用，两者之间仅存在这些特定事项方面的货运代理关系。

最后，在货物出运前，买方传真告知了甲公司装货港联系的承运商是谁，表明买方此时已经选择了承运人。从"承运商"字面理解，丙货运应是承运人或承运人的装货港代理人。当甲公司确认并在取得承运人丁船务提单后不表示异议，则说明其对于丙货运系承运人代理人的身份是清楚的。此外，丁船务已向丙货运支付一程海运费的事实，也可佐证丙货运系买方选择的承运人丁船务的装货港代理人，丙货运关于其接受丁船务的委托收取货物、向一程船实际承运人订舱的陈述是合理、可信的。

综上所述，从本案事实和证据的角度分析，丙货运的法律地位应是承运人丁船务的装货港代理人，托运人甲公司与丙货运之间并不存在委托订舱的法律关系。甲公司基于货运代理合同关系要求丙货运承担代理不当责任的理由不能成立。

那么，作为承运人的装货港代理人，从侵权赔偿的角度看，丙货运是否应当与承运人共同承担货物灭失的连带责任？答案是：丙货运不应承担责任。理由是：首先，丙货运的代理行为并不存在过错。从现有证据分析，涉案提单由丁船务制作，签发给甲公司，而不能证明是由丙货运代理丁船务完成了这些具体行为；作为丁船务的装货港代理人，丙货运为其代理的仅是货物从发货人到承运人丁船务之间的交接，丙货运的行为符合国际货代的操作惯例，并无不当。即使丙货运在丁船务提单的流转过程中起到了传递信息及运输单证的作用，其对于传递的提单性质并无审查的法定义务，即使事后证明提单存在问题，也不能必然得出转交提单的人"知道被代理的事项违法仍进行代理活动"的结论，更不能据此认定丙货运知道或参与了欺诈。

其次，丙货运为丁船务进行的代理行为与甲公司货物灭失之间没有必然的因果关系。在没有特别约定的情况下，FOB 条件的贸易合同通常由买方负责订舱运输，本案中买方传真向甲公司告知承运商（或其代理人）的行为表明其已经对承运人做出了选择，而甲公司在确认、取得提单并交货时未提出异议，该行为是对承运人依据提单占有运输货物的认可。可见，甲公司收款未成、货物失控，是其接受 FOB 合同、带有"软条款"的信用证及承运人的提单所造成的风险结果，与丙货运的代理行为并无必然的因果关系。

三、讨论与思考

1. 请阐述 FOB 下买卖双方的义务。
2. 请用示意图来讲述这个案例。
3. 卖方浙江甲公司应该从此案例中吸取什么教训？

案例二　FOB 合同与无单放货

一、案例介绍

2005 年 9 月 6 日，我国 A 公司与韩国 B 株式会社签订各式羊毛衫贸易合同。合同规定，贸易术语为 FOB，付款方式为信用证，B 株式会社指定韩国 C 综合株式会社承运这批货，将该批货物从中国上海运至韩国釜山，C 综合株式会社为此签发了以 A 公司为托运人的正本提单。托运人为 A 公司，通知方为 D 公司，收货人为根据某银行指示。由于韩国 B 株式会社一直没有付款买单，A 公司现仍持有上述正本提单。经调查，涉案货物运抵目的港后，已由前述提单通知人在未凭正本提单而以银行保函形式向 C 综合株式会社提取。即涉案货物在目的港已由 C 综合株式会社在未收回正本提单的情况下向他人进行了交付。据此，2006 年 6 月 6 日，A 公司诉至我国海事法院，请求判令被告 C 综合株式会社赔偿相应经济损失 59598 美元及该款自 2005 年 9 月起的利息损失。

审理结果如下：2006 年 4 月 23 日，法院经审理后认为，本案是一起具有涉外因素的海上货物运输合同纠纷。本案原、被告双方在诉讼过程中均未主张适用外国法，同时争议双方均引用中国法律支持其各自的诉辩主张，由此可视作纠纷诉至法院后争议双方对中国法律已做选择适用。此外，本案涉及的运输合同起运地、提单签发地均在我国境内，因此，我国与本案争议具有密切的联系，根据国际私法中的最密切联系原则，本案也可以适用中国法律。综上所述，法院决定适用中国法律界定争议双方的权利和义务。

　　本案证据表明涉案货物正本提单项下货物已由通知人提供银行保函而未提交正本提单向被告提取了货物，据此被告的行为违反了海上货物运输合同中承运人应凭正本提单交付货物的航运惯例，理应就此向原告承担相应的赔偿责任。依照《中华人民共和国海商法》（以下简称《海商法》）第 269 条、第 71 条，《中华人民共和国民事诉讼法》第 64 条第 1 款的规定，判决如下：C 综合株式会社向 A 公司赔偿货款损失 59598 美元及利息损失。此外，依据 B 株式会社提交的公司证明，被告是一家从事国际货运代理业务的境外企业，但由于被告在本案中出具自己的提单承载涉案货物，因此，其实际充当了无船承运人的角色。根据《中华人民共和国国际海运条例》第 7、第 8、第 26 条以及我国交通部《关于实施〈中华人民共和国国际海运条例〉的公告》第 1、第 3 条的相关规定，其本无权未经许可自行在我国境内签发提单从事无船承运人业务。鉴于被告的前述违法经营行为，其在本案中向原告承担相应的经济损失赔偿责任的同时，依法应由我国相关职能部门对其擅自在我国境内签发提单从事无船承运人业务的行为予以查处。

二、案例分析

（一）无单放货

　　根据《海商法》第 71 条的规定："提单，是指用以证明海上货物运输合同和货物已经由承运人接收或者装船，以及承运人保证据以交付货物的单证。提单中载明的向记名人交付货物，或者按照指示人的指示交付货物，或者向提单持有人交付货物的条款，构成承运人据以交付货物的保证。"提单是承运人或其代理人签发的货物收据，它证明已按提单所列内容收到货物。提单又是一种货物所有权的凭证。提单代表着提单上所记载的货物，提单持有人可以凭提单请求承运人交付货物，而船长、船公司或其代理人也必须按照提单所载内容，将货物交付给提单持有人。因此，提单具有物权凭证性质。本案被告 B 株式会社在未收回涉案正本提单的情况下，凭银行保函将涉案提货单交付给非正本提单持有人，该行为直接侵害了正本提单持有人依法享有的物权，对此必须承担法律责任。

（二）无船承运人

《中华人民共和国国际海运条例》第7条规定："无船承运业务，是指无船承运业务经营者以承运人身份接受托运人的货载，签发自己的提单或者其他运输单证，向托运人收取运费，通过国际船舶运输经营者完成国际海上货物运输，承担承运人责任的国际海上运输经营活动。"经营无船承运业务，应当向国务院交通主管部门办理提单登记，并交纳保证金。本案韩国C综合株式会社没有向我国交通主管部门办理提单登记，更没有交纳保证金，其擅自在我国境内签发提单从事无船承运人业务，是违法的，应予以查处。

近年来，在我国对外贸易中，客户使用FOB条款并指定境外船公司、货代或无船承运人安排运输，并在信用证结算上又设置客户检验证书等软条款的情况与日俱增，有些被指定的境外货代或无船承运人存心不良，与买方合谋串通，搞无单放货，使出口企业货、款全落空。也有些客户特意设置境外货代或无船承运人来国内进行骗货。而我国出口企业业务人员对出口货物业务不够精通，对航运市场情况不够掌握，风险防范意识淡薄，在没有了解或充分了解国外贸易买家是否合法存在和资信等级的情况下，为节约出口成本，较多与外商签订FOB为贸易条款的出口合同，从而将货物的运输权利、运输方式和选择承运人的权利交给外商，很少使用CIF和CFR（Cost and Freight，成本加运费）的贸易方式。

此外，在运输环节由外商掌握的情况下，中小企业盲目听从境外贸易买家及其（国内和国外）代理的指令，将货物实际交给境外买家（或其代理）在装货港的代理人。发生纠纷后，这些企业坚持货物交给买家代理人，买家代理人就是承运人的错误观念。一些出口企业在收到境外海运公司签发的提单时从未要求出具提单的船公司或货代公司出具保函，对提单或提单签发所显示的承运人是否合法存在不做审查的做法，因此易遭遇货、款落空的风险。

（三）规避FOB合同下被无单放货的风险

1. 签订出口合同时，应尽量签订CIF或CFR条款，力拒FOB条款，避免外商指定船公司、境外货代或无船承运人安排运输，而由我方掌握安排运输的主动权；签约前应注意掌握外商的资信等情况。

2. 如外商坚持FOB条款并指定船公司、境外货代或无船承运人安排运输，可接受知名的船公司，尽量避免接受指定的境外货代或无船承运人。如外商仍坚持指定境外货代或无船承运人，为了不影响出口，必须严格按程序操作，对指定的境外货代或无船承运人的信誉要进行严格的调查，了解是否由我国合法代理人向交通部办理无船承运人资格的手续，同时货主要求我国的货代或无船承运人出具保函，承诺被指定境外货代或无船承运人安排运输的货物到达目的港后，必须凭信用证项下银行流转的正本提单放货，否则要承担无单放货的赔偿责任。只有这样，一旦出现无单放货，才能有依据进行索赔。但不能接受未经我国有关部门批准，在我国经营货代业务的货代企业或境外货代企业以及资信情况不明的公司签发的提单和安排运输。尤其需要注意的是，在FOB条款下，卖方以交出装船单证证明完成交货义务并取得货款，买方以付款取得装船单证实现提货权利。

3. 境外货代提单必须委托经我国有关部门批准的货代企业签发，货主可要求代理签发提单的货代企业出具在目的港正本提单放货保函。在海运实务中，在提单尚未收到、货物已送至承运人指定或委托的装港代理仓库的情况下，出口企业可要求其根据卖方的指令装船并出具保函的做法较为普遍。出口企业必须明确，在FOB合同中，运输由买家指定，故货物送到承运人的装运港代理就是将货物向买家交付。

4. 在FOB价格条款下，出口企业应力拒信用证条款中"客户检验证书"等软条款。该条款是信用证交易的特别条款，是银行承兑或垫付货款的前提条款；如外商坚持使用客户检验证书，出口企业可接受，但在发货前将客户检验证书的印鉴与外商在银行预留印鉴进行比对，印鉴比对不一致时必须拒绝发货。

5. 外商资信不明的，即使先前双方有贸易来往，在FOB贸易条款下，出口企业尽可能结汇成功后继续分批出口。尽量避免结汇未成而多次集中出口。出口企业的外贸人员需强化信用证贸易和海上货物运输的实务操作。

出口企业应熟悉FOB价格条款。FOB价格条款决定贸易合同的性质。在FOB价格条款下，卖方负责在贸易合同规定的期限和装运港将货物装上买方指定的船舶并通知买方，负责货物装上船前的费用和风险，负责办理货物出口手续并取得相应文件，负责提供相关的装运单据。买方负责订舱租船和支付运费,将船名、船期及时通知卖方,负担货物装上船后的费用、风险、投保及费用,负责货物进口和收货手续,接受装运单据并按合同支付货款。若采用 FOB 条款,中小企业应严格依照现行的《2010 年国际贸易术语解释通则》对 FOB 条款的规定和解释签订贸易合同,谨防落入 FOB 陷阱。

三、讨论与思考

1. 什么叫无船承运人?
2. 请用示意图来讲述这个案例。
3. 卖方 A 公司应该从此案例中吸取什么教训?

案例三　CIF 下贸易合同延迟交货的责任

一、案例介绍

2011 年 3 月 12 日,中国 A 公司与加拿大 B 公司签订一笔小麦进口合同,合同条件 CIF 上海,支付方式为不可撤销即期信用证,交货期为 2011 年 5 月 29 日。中国 A 公司 4 月 10 日向对方开出信用证,加拿大 B 公司按照合同规定的时间与装运条件发运了货物。5 月 31 日,加拿大 B 公司以传真通知中国 A 公司:"装运给贵公司的 1 万吨小麦和发运给广西北海港的 5000 吨小麦同装在 SXJ 船上。"中国 A 公司收到传真后,立即通知加拿大 B 公司,这条船应先停靠上海港再驶往北海港。加拿大 B 公司回复传真说:"我们已按贵公司要求传真通知船公司,请 SXJ 船先停靠上海港。"但该船实际上先停靠了北海港,并且在北海港停留卸货与检修了近 1 个月后才驶往上海港。这时国际市场小麦价格已下降,国内买家以未按期交货为由要求终止合同,并向卖方索赔。因索赔未果,为减少损失,中国 A 公司只能以降价卖出。结果使得中国 A 公司不但得不到预期利润 10 万元人民币,反而损失 10 万元人民币,共计损失 20 万元人民币。于是,中国 A 公司以对方违约延迟交货为由向加拿大 B 公司索赔,加拿大 B 公司认为在

CIF 合同下,作为卖方,其已经在合同规定的期限内在装运港把货物装上船,即已经完成了交货义务。至于货物何时抵达目的港,系船方所为,并非加拿大 B 公司所能控制的,因此拒绝了中国 A 公司的要求。中国 A 公司只好将争议提交仲裁庭进行仲裁。

仲裁庭经合议后,裁决如下:

1. 加拿大 B 公司在合同规定的期限内,将合同货物装上船,并向议付行提交了装运单据。为此,加拿大 B 公司已经完成了 CIF 条件下的交货义务。

2. 依据国际贸易习惯,发货人没有义务,也无法保证载货船舶何时抵达何港口或先停靠何港口。除非发货人做了明确的承诺,其不应对此承担责任。本案发货人加拿大 B 公司通知收货人中国 A 公司"我们已按贵公司要求传真通知船公司,请 SXJ 船先停靠上海港",加拿大 B 公司已尽到责任,通知了船公司,但这并不构成发货人的正式承诺。因此,它对载货船舶先停靠北海港这一事实不应承担责任。

因此,仲裁庭驳回了中国 A 公司的申诉,并由中国 A 公司承担仲裁费用。

二、案例分析

本案涉及 CIF 贸易术语的交货责任。CIF 贸易术语是 Cost, Insurance and Freight (…named port of destination) 贸易术语的缩写,即成本、保险费加运费(……指定目的港)。按国际商会《2010 年国际贸易术语解释通则》(*The Incoterms Rules or International Commercial Terms 2010*,简写为 INCOTERMS Ⓡ 2010)的规定,按 CIF 贸易术语成交,是指卖方必须在合同规定的日期或期间内在装运港将货物交至运往指定目的港的船上,负担货物装上船前的一切费用和货物灭失或损坏的风险,负责租船订舱,支付从装运港到目的港的正常运费,并负责办理货运保险,支付保险费。《2010 年国际贸易术语解释通则》中,在 CIF 项下有关卖方交货义务是这样规定的:"卖方必须在装运港,在约定的日期或期间内,将货物交至船上。"可见,卖方只要签订了运输合同,把货物交付到装运港船上并办理保险后,即履行了合同义务。无疑,按国际贸易惯例,加拿大 B 公司已经完成了交货义务。

此外，加拿大 B 公司回复传真说，"我们已按贵公司要求传真通知船公司，请 SXJ 船先停靠上海港"是否构成对中国 A 公司的承诺呢？答案是否定的。加拿大 B 公司只是履行了贸易伙伴的责任，例行公事地按进口商的要求通知船公司"请 SXJ 船先停靠上海港"，而不是在合同或信用证中做出明确承诺。实际上，在 CIF 条件下，加拿大 B 公司不可能也没必要做出明确承诺，因为它根本无法保证该船究竟何时靠岸。

国际商会的《2010 年国际贸易术语解释通则》在序言中特别指出，在 CIF 贸易术语下，"具体而言，卖方不应当承担任何保证货物抵达目的地的义务，因为在运输途中任何延迟的风险应由买方承担。因此，涉及时间的任何义务必须表明装船地或发货地，例如'运（发）货不迟于……'。像'CFR 汉堡不迟于……'这样的一份协议属于用词不当，并会引起不同的解释。当事人的意思可能被认为是货物必须在规定的日期抵达汉堡，在这种情况下该合同不是装运合同而是到货合同；另一种可能的理解是，卖方发运货物的时间必须是使其在通常情况下能在规定的时间前抵达汉堡，除非发生意外事件耽误运输"。

那么，中国 A 公司可以向船公司索赔吗？从道理上是可以的，但实际上这种可能性是不存在的。一是，中国 A 公司不是运输合同的当事方，无资格主张权利，只有加拿大 B 公司才可以向船公司索赔，当然从商业信誉或道义上说，加拿大 B 公司应当向船公司索赔，然后将索赔款转给中国 A 公司。但该运输合同未必会订到岸期限的条款（本案是在运输合同签订后提出的要求），即使有，也会有许多免责条件，如本案中，船舶在北海港检修。二是，《统一提单的若干法律规则的国际公约》(《海牙规则》) 没有明确规定延迟交货的赔偿责任，《1978 年联合国海上货物运输公约》(《汉堡规则》) 虽然有规定，但我国尚未参加。本案的中国 A 公司只有独吞"苦果"。

因此，在大宗进口合同中，为控制交货期，要慎用、少用 CIF 贸易术语，而应用 FOB 贸易术语（买方租船订仓），或使用 DES（Delivered Ex Ship，目的港船上交货）贸易术语（……指定目的港）、DEQ（Delivered Ex Quay，目的港码头交货）贸易术语（……指定目的港）。CIF 条件在进口中，一般适用于小宗、零星货物进口或使用班轮运输条件的情况。大宗进口合同如使用 CIF 贸易术语，为保证到货安全，有必要在合同中规定外方（卖方）租用信誉好的船公司承运进口货物，以防船公司为补充燃料或以其他理由单方面决定"合理"停靠低价燃料港或途中拉拢其他客户而耽误船期。

三、讨论与思考

1. 请阐述 CIF 下买卖双方的义务。
2. 请用示意图来讲述这个案例。
3. 买方 A 公司应该从此案例中吸取什么教训？

案例四 内陆出口选择 CIF 还是 CIP？

一、案例介绍

2011 年 8 月，英国甲公司与我国乙公司签订一批餐具销售合同，价格条件为 CIF 伦敦，支付条件为承兑交单 D/A，乙公司需要提供已装船提单等有效单证。乙公司随后与丙运输公司签订运输合同。2011 年 10 月初，乙公司将货物备妥，装上丙运输公司派来的货车。英国甲公司收货后来电称 4 箱餐具有碰损，其余货物可能受震动，要求全部降价 5%。经丙运输公司证实，货物碰损是在装船前汽车运输途中发生车祸所致。乙公司回电据理力争，同意受碰损的两箱餐具降价 5%，但认为其余货物并未碰损，不能降价。但英国甲公司坚持要求全部降价，乙公司担心甲公司拒付货款，最终还是做出让步，受碰损的两箱降价 5%，其余降价 2.5%，为此受到货价等有关损失共计 8 万美元。

事后，乙公司作为托运人又向丙运输公司就有关损失提出索赔。对此，丙运输公司同意承担 4 箱碰损货物的损失，理由是除 4 箱货物之外的降价是乙公司与英国甲公司的协商所致，与丙运输公司无关。乙公司却认为货物降价及利息损失的根本原因都在于丙运输公司的过失，坚持要求其赔偿全部损失，遂根据运输合同的仲裁条款请求仲裁委员会裁决。

双方经仲裁庭调解后，达成调解协议：丙运输公司承担 4 箱碰损货物的降价损失，赔偿损失共计 2.5 万美元。其余货物降价及利息损失由乙公司承担，实际损失 5.5 万美元。

二、案例分析

在采用 CIF 术语订立贸易合同时，乙公司同时以托运人的身份与丙运输公司签订运输合同。在乙公司向丙运输公司交付货物，完成运输合同项下的交货义务后，并非意味着其已经完成了贸易合同项下的交货义务。乙公司仍要因货物装上船前的一切风险和损失向英国甲公司承担责任。而在货物交由丙运输公司掌管后，托运人（乙公司）已经丧失了对货物的实际控制权。丙运输公司货物的保管、配载、装运等都由其自行操作，托运人只是对此进行监督。乙公司在其已经丧失了对货物的实际控制权的情况下，仍继续承担责任和风险，尤其是从内陆地区装车到港口，再装上船前，中间要经过一段较长的时间，会发生什么事情，谁都无法预料。在此期间如果发生货损，乙公司向英国甲公司承担责任后可依据运输合同再向丙运输公司索赔，转移其经济损失。但由此而引起的货价损失、利息损失只能由乙公司负责。这似乎不合理，但在使用 CIF 贸易术语时，只能如此。因此，选择不同的贸易术语意味着承担相应的风险。

CIF 术语全称是 Cost, Insurance and Freight（… named port of destination），即成本、保险费加运费（……指定目的港）。CIP 术语全称是 Carriage, and Insurance Paid to（… named port of destination），即运费、保险费付至（……指定目的港）。根据 INCONTERMS ® 2010 的规定，CIP 与 CIF 这两种术语有很多相似之处，两者均属装运地交货，其合同性质都为付运合同。两者相同之处还表现在：价格构成因素中都包括了通常的运费、保险费，即运输合同、保险合同都由卖方负责订立；交货地点均在出口国的约定地点；本案的出口、进口清关责任划分是：乙公司负责出口清关，英国甲公司负责进口清关；风险在交货地点交货完成而转移给买方，而运费、保险费却延展到目的地（港）。

但 CIP 与 CIF 两者也有明显不同，也正是这些不同使 CIP 术语比 CIF 术语更适合内陆出口业务。

1. 从适用的运输方式看，CIF 只适用于水上运输方式（海运、内河航运），CIP 适合任何运输方式。CIP 比 CIF 更灵活，更适合内陆地区出口业务。因此，如果对方同意，乙公司应选择 CIP。

2. 从风险责任划分看，在 CIF 术语下，乙公司同时以托运人的身份与运输公司即丙运输公司签订运输合同，买卖合同与运输合同项下交货义务的分离使风险转移滞后于货物实际控制权的转移。乙公司是在装运港交货；买卖双方以是否装上船划分风险，在货物装船前，不管货物处于何方的实际处置之下，卖方都要向买方承担货损等责任。在使用 CIP 术语时，乙公司风险与货物的实际控制权同步转移，责任可以及早减轻。CIP 术语下交货地点比较灵活，由双方约定，可以是港口，也可以是内陆地区，但无论在哪里，乙公司的责任以货物交丙运输公司处置时止，乙公司只负责将货物安全移交丙运输公司即完成自己的销售合同和运输合同项下的交货义务，此后货物发生的一切损失均与乙公司无关。

3. 从使用的运输单据看，在 CIF 条件下，出口方提交可转让提单、不可转让海运单或内河运输单据，内陆地区出口一般是走陆路，如本案，丙运输公司签发陆运单或陆海联运提单而不是 CIF 条件要求的运输单据。这样，只有当货物运至装运港装船后乙公司才能拿到提单或得到在联运提单上"已装船"的批注，然后再结汇。CIP 涉及的运输单据范围通常要大于 CIF，因具体运输方式不同可以是前面提到的 CIF 使用的单据，又可以是陆运运单、空运单、多式联运单据。使用 CIP 术语有利于内陆出口业务在当地交单结汇。这样缩短了结汇和退税时间，提高了出口公司的资金周转速度。在本案中，如果使用 CIP，可凭丙运输公司内地接货后签发的单据在当地交单结汇的话，乙公司虽然需要就货损对英国甲公司负责，但其可以避免货价损失和利息损失。

三、讨论与思考

1. 请阐述 CIP 下买卖双方的义务以及与 CIF 的区别。
2. 请用示意图来讲述这个案例。
3. 卖方乙公司应该从此案例中吸取什么教训？

第二章 国际货物买卖合同签订

章前导读

在国际贸易交易磋商程序当中,往往包含询盘、发盘、还盘和接受这四个环节。其中发盘和接受是达成交易以及合同成立必不可少的两个环节和必经的法律步骤。

承诺一经做出,合同就成立了。但是,一项合同的有效成立,必须符合以下五个条件:合同当事人必须具有签约能力;合同必须有对价或约因;合同的内容必须合法;合同必须符合法律规定的形式;合同当事人的意思表示必须真实。

书面合同一般有两种类型,正式合同(繁式合同)和确认书(简式合同)。不论哪种类型,一般都包括约首、约尾和基本条款三个组成部分。合同通常一式两份,由双方合法代表分别签字后各执一份,作为合同订立的证据和履行合同的依据。我国法律规定:"当事人采用合同书形式订立合同的,自双方当事人签字或者盖章时合同成立。"签字或盖章不在同一时间的,最后签字或者盖章时合同成立。

案例

案例一 我国 BC 公司和美国 JR 公司磋商案

一、案例介绍

我国 BC 公司是位于浙江省宁波市的一家从事家电出口的大型外贸企

业，拟向美国田纳西州的 JR 公司出口一批电热水器。两者交易磋商过程如下：

2015 年 3 月 8 日 BC 公司去电："可供海尔牌电热水器 30000 件，型号 DHB-35，FOB 大连每件 35 美元，5 月装运，即期信用证付款，3 日内复到有效。"

3 月 10 日 JR 公司来电："接受你 8 日来电，CFR 纽约每件 37 美元。"

3 月 12 日 BC 公司去电："我方只接受 CIF 纽约每件 45 美元，请确认。"

3 月 14 日 JR 公司来电："对你 12 日来电感到非常抱歉，我方只接受 CIF 每件 40 美元，请速复。"

3 月 16 日 JR 公司又来电："经说服批发商，同意 CIF 纽约每件 45 美元。"

3 月 18 日 BC 公司去电："货已售出。有货再与你联系。"

3 月 28 日 BC 公司去电："现在可供海尔牌电热水器 30000 件，型号 DHB-35，CIF 纽约每件 50 美元，6 月装运，即期信用证付款，5 日内复到有效。"

3 月 30 日 JR 公司来电："接受你 28 日电，仲裁地点为瑞典的斯德哥尔摩。"

4 月 1 日 BC 公司去电："抱歉，难以接受仲裁地点为瑞典的斯德哥尔摩，仲裁地点在中国北京。"

4 月 3 日 JR 公司来电："接受在中国北京仲裁。"

4 月 5 日 BC 公司去电："限即期信用证 4 月 15 日到有效。"

4 月 7 日 JR 公司来电："你 5 日来电已收到。信用证将由花旗银行驻北京办事处开立。"

经过几个回合的磋商，合同最终成立。

二、案例分析

询盘，指的是询问交易条件，内容可涉及价格、品质、数量、包装、装运以及索取样品等内容，而多数只是询问价格。因此，在外贸业务中常把询盘称为询价。

发盘，又称报盘、发价、报价，法律上则称为"要约"。根据《联合国国际货物销售合同公约》（2010）（以下简称《公约》），向一个或一个以上特定的人提出的订立合同的建议，如果内容十分确定，并且表明发盘人在得到接受时即受约束的意思表达，即构成发盘。

通常而言，构成一项有效的发盘必须具备以下三个条件：（1）发盘内容必须十分确定。根据《公约》，发盘内容至少应包括三个基本要素：①标明货物的名称；②明示或默示地规定货物的数量或规定数量的方法；③明示或默示地规定货物的价格或规定确定价格的方法。至于包装、运输、保险、争议的处理等内容，一般按照国际贸易惯例或者国际法律通常的规定来办理。（2）表明一经受盘人接受，发盘人即受约束的意思。一定要注意将发盘和邀请发盘区分开来。邀请发盘是指交易的一方打算购买或出售某种商品，向对方询问买卖该项商品的有关交易条件，或者就该项交易提出带有保留条件的建议。订约建议一般不构成发盘。诸如"仅供参考""须以发盘人的最后确认为准"或其他保留条件，这样的订约建议就不是发盘，而只是邀请对方发盘。（3）向一个或者一个以上的特定人提出。受盘人可以是一个，也可以指定多个。不指定受盘人的发盘，仅应视为发盘的邀请。商业广告本身不是一项发盘，因为没有指定受盘人。除非在广告中注明"本广告构成发盘"或"广告项下的商品将售给最先支付货款或最先开来信用证的人"等，才可视为一项发盘。

发盘一般都列有一定的有效期。如果未具体列明有效期，受盘人则应在合理时间内接受方能有效。电报、信函等发盘按规定日起算（一般以信内日期作为发盘起始日），无规定时多采用邮戳日。传真、电子邮件、电话等发盘以到达日起算，若到达最后一日为节假日，则可顺延至下一个工作日。

至于发盘的生效时间，根据《公约》规定，发盘送达受盘人时生效。我国合同法也采取"到达主义"。我国合同法还对采用数据电文方式的到达时间如何确定做出了具体规定："采用数据电文形式订立合同，收件人指定特定系统接收数据电文的，该数据电文进入特定系统的时间，视为到达时间；未指定特定系统的，该数据电文进入收件人的任何系统的首次时间，视为到达时间。"

要注意区分撤回（Withdrawal）与撤销（Revocation）是两个不同的概念。其中，撤回是指在发盘送达受盘人之前，将其撤回，以阻止其生效。撤销是指发盘已送达受盘人，即发盘生效之后将发盘取消，使其失去效力。(1) 发盘的撤回。《公约》规定:"一项发盘,即使是不可撤销的,也可撤回,只要撤回的通知在发盘到达受盘人之前或同时到达受盘人。"这表明,发盘人可以采用更迅速更快捷的通信方法,将发盘的撤回或更改通知赶在受盘人收到该发盘之前或同时送达受盘人,则发盘即可撤回或修改。(2) 发盘的撤销。《公约》规定,在受盘人尚未表示接受之前这一段时间内,只要发盘人及时将撤销通知送达受盘人,仍可将其发盘撤销。但是一旦受盘人发出接受通知,则发盘人无权撤销该发盘。《公约》还规定,下列两种情况下的发盘,一旦生效,则不得撤销:①在发盘中规定了有效期,或以其他方式表示该发盘是不可能撤销的,如使用 Firm, Irrevocable 等词。②受盘人有理由信赖该发盘是不可撤销的,并本着对该发盘的信赖采取了行动。

如果受盘人将拒绝发盘的通知送到发盘人手中,原发盘就失去效力,发盘人不再受其约束。此外,以下情况也可造成发盘的失效:(1) 受盘人做出还盘。(2) 发盘人依法撤销发盘。(3) 发盘中规定的有效期届满。(4) 人力不可抗拒的意外事故造成发盘的失效,如政府禁令或限制措施。(5) 在发盘被接受前,发盘当事人丧失行为能力或死亡或法人破产等。

还盘,又称还价,在法律上称为反要约,是指受盘人不同意或不完全同意发盘提出的各项条件,并提出了修改意见,建议原发盘人考虑。这就是说,还盘是对发盘条件进行添加、限制或其他更改的答复。一般而言,还盘有两个法律后果:一是还盘是对发盘的拒绝,原发盘即失去效力,发盘人不再受其约束;二是还盘等于是受盘人向原发盘人提出的一项新的发盘。

接受,在法律上称为承诺,是指受盘人在发盘规定的时限内,以声明或行为表示同意发盘提出的各项条件。通常而言,构成一项有效接受,必须符合以下四个条件:(1) 接受必须由受盘人做出。发盘是向特定的人提出的,因此,只有特定的人才能对发盘做出接受。由第三者做出的接受,不能视为有效的接受,只能作为一项新的发盘。(2) 接受必须是同意发盘所提出的交易条件。(3) 接受必须在发盘规定的时效内做出。规定了接受的时限时,受盘人必须在发盘规定的时限内做出接受,方为有效。如发盘没有规定接受的时限,则受盘人应在合理时间内表示接受。对于何谓"合理时间",当事人往往有不同的理解。为了避免争议,最好在发盘中明确规定接受的具体时限。(4) 接受通知的传递方式应符合发盘的要求。如发盘没有规定传递方式，则受盘人可按发盘所采用的，或采用比其更快的传递方式将接受通知送达发盘人。沉默或不行为本身，并不等于接受。

本案例中，BC 公司和 JR 公司反复磋商，历经多次发盘与还盘，合同才得以最终成立。我们需要认真区分哪些是发盘，哪些是还盘，哪些是接受。

在 3 月 8 日 BC 公司的去电之中，已经清楚地表明货物的名称是海尔牌电热水器（型号 DHB-35），数量是 30000 件，价格是 FOB 大连每件 35 美元，这已经满足《公约》所要求的有效发盘至少应包括三个基本要素，说明发盘内容已经十分确定。而且，该去电还规定了装运、付款等相关事宜，并且是向特定的对象即美国 JR 公司提出的，同时还规定 3 日内复到有效。很显然，这是一项有效的发盘，而不是邀请发盘。

3 月 10 日 JR 公司的来电，虽然明确载明"接受你 8 日来电"的字样，但是同时也提出将价格条款更改为 CFR 纽约每件 37 美元。这是一种有条件的接受。该接受是否有效，取决于内容的变更究竟是属于实质性的还是非实质性的。很显然，JR 公司主要是对价格的变更，这属于实质性的变更，不能构成有效接受，而只能视作还盘，是对 BC 公司 3 月 8 日发盘提出的 FOB 大连每件 35 美元的一种拒绝，从而使得原发盘失去了效力。另外，这也是 JR 公司向 BC 公司提出的一项新的发盘。

3 月 12 日 BC 公司的回电，再一次将价格更改为 CIF 纽约每件 45 美元。这也是一种还盘，拒绝了 JR 公司 3 月 10 日提出的 CFR 纽约每件 37 美元。这不仅使得 JR 公司原来的发盘失效，同时也表明 BC 公司再次向 JR 公司提出了一项新的发盘。

同理，3 月 14 日 JR 公司提出只接受 CIF 每件 40 美元，比 BC 公司之前提出的报价 CIF 纽约每件 45 美元要低 5 美元每件。这是 JR 公司再一次提出的还盘，也是向 BC 公司再次提出的新发盘，同时也使得 BC 公司之前提出的 CIF 纽约每件 45 美元的发盘失去了法律效力。

3 月 16 日 JR 公司又来电同意 CIF 纽约每件 45 美元。从表面上来看，似乎 JR 公司已经和 BC 公司达成了一致，因为之前的多次磋商均是围绕价格所展开的，而该价格是 3 月 12 日 BC 公司所提出来的。但是仔细查阅之前的函电往来，发现却并非如此。其中的关键之处在于，3 月 14 日，也就是上一次 JR 公司的回复，已经明确拒绝了 BC 公司 CIF 纽约每件 45 美元的报价，导致 BC 公司该发盘的失效。很明显，既然 BC 公司 CIF 纽约每件 45 美元的发盘已经失效，就谈不上 JR 公司进行还盘或者接受了，更谈不上合同的成立了，而只能作为 JR 公司向 BC 公司再次提出的一项新发盘。

3 月 18 日 BC 公司的回复，明确指出货已售出，说明已经委婉回绝了 JR 公司，直接导致了 3 月 16 日 JR 公司原发盘的失效。该轮多回合的磋商也暂时告一段落。

时隔 10 天之后，也就是 3 月 28 日，BC 公司再次向 JR 公司去电，提出了新的交易条件。其中，商品名称为海尔牌电热水器（型号 DHB-35），数量 30000 件，价格为 CIF 纽约每件 50 美元。该函电也已经同时具备《公约》所要求的有效发盘所应具备的品名、数量、价格这三个基本要素。至于运输和付款，该函电也有明确的规定。另外，该函电有特定的受盘人 JR 公司，也规定了 5 日内复到有效。这些条件都表明，该函电是一项非常有效的发盘。

3 月 30 日 JR 公司进行了回复。一方面提出接受 BC 公司 28 日的电文，另一方面又添加了新的交易条件：仲裁地点为瑞典的斯德哥尔摩。这实际上构成了一项有条件的接受。该有条件的接受是否有效，关键取决于内容的变更究竟是实质性的还是非实质性的。仲裁是解决贸易争端的一种常见方式。按照《公约》的相关规定，解决贸易争端的相关内容的添加属于实质性变更发盘条件，是对原发盘的一种拒绝，实际上就是还盘。当然，这也导致了 3 月 28 日 BC 公司原发盘的失效。

4 月 1 日 BC 公司回电，提出将仲裁地点由瑞典的斯德哥尔摩改为中国北京，这是 BC 公司在交易磋商过程中的再一次还盘，同时也是 BC 公司的一项新发盘。

4 月 3 日 JR 公司来电，同意 BC 公司提出的在中国北京仲裁这一条件，这形成了一项有效接受。由此，JR 公司和 BC 公司已经达成了一致意见，合同成立了。

4 月 5 日 BC 公司提出将原来的支付条件，也就是即期信用证进一步限定为 4 月 15 日到有效。这是一项新的发盘。由于 4 月 3 日 JR 公司的有效接受已经导致合同成立，因此该发盘并不能影响之前合同成立的法律效力。

4 月 7 日 JR 公司同意按照 BC 公司的规定由花旗银行驻北京办事处开立即期信用证，说明 JR 公司同意 BC 公司所提出的关于支付条件的更改。

因此，合同的成立就以这些更改为准，其他条款保持不变。

三、讨论与思考

1. 3月10日JR公司来电合同是否生效？为什么？
2. 3月16日JR公司来电合同是否成立？为什么？
3. 3月18日BC公司去电是否为违约？为什么？
4. 4月3日JR公司来电合同是否成立？为什么？
5. 上述往来交易磋商过程中哪些是发盘？哪些是接受？

案例二 发盘是否有效争议案

一、案例介绍

2014年8月10日，陕西某进出口公司应荷兰鹿特丹某客商的要求，对其指定的一款商品报盘：数量100公吨，每公吨CIF鹿特丹250美元，麻袋装，即期装运，凭不可撤销即期信用证付款。

8月17日，对方回电，但没有明确表示接受，而是再三请求我方增加数量，降低价格，并延长装运期。

8月18日，我方回电，同意将数量增至200公吨，价格减至每公吨CIF鹿特丹240美元，装运期延长至10月底。

8月24日对方回电，仍然没有表示接受，要求再降低价格，再度延长装运期。

8月25日，我方回电表示价格不能再降，但装运期可延长到11月20日，并声明9月15日复到有效。

对方没有立即回电，直至9月14日来电表示接受我方8月25日发盘，同时附加包装条件"需提供良好适合海运的袋装"。

我方在收到对方电报时，发现该产品主要生产国因遭受自然灾害而减少了该商品的产量，导致该产品的国际市场价格已猛涨。于是我方要求撤销发盘，拒绝成交，并复电称："由于国际市场的变化，货物在接到贵方接受电报前已售出。"

但对方不同意这一说法，认为接受是在要约有效期内做出的，因而是有效的，坚持要求我方按要约的条件履行合同。并提出，要么执行合同，要么赔偿对方差价2.5万美元，否则坚持提交仲裁机构解决。

我方回电，提出我方发盘未注明"Firm Offer"（实盘）字样，所以合同无效。双方经多次交涉，争论十分激烈，但最后我方只能以承认合同成立而告终，而坚持包装为麻袋装给我方造成了巨大的损失。

二、案例分析

本案例涉及有效发盘和有效接受的争议。

接受必须是同意发盘所提出的交易条件。但是在实际业务中，受盘人往往在答复中使用了"接受"的字眼，但同时又对发盘的内容做了增加、限制或修改，这在法律上称为有条件的接受。有条件的接受是否有效，关键取决于内容的变更或者修改究竟是属于实质性变更还是非实质性变更。《公约》规定："有关货物价格、付款、货物质量和数量、交货地点和时间、一方当事人对另一方当事人赔偿责任范围或解决争端等的添加或不同条件，均视为实质变更发盘的条件。"因此，对发盘条件提出实质性的修改，不能构成有效接受，而只能视作还盘。但是如果对发盘内容提出更改包装、增加重量单、装箱单、原产地证明或某些单据的份数等，则是非实质性的添加、限制和更改。《公约》规定：除非发盘人在不过分延迟的时间内表示反对其间的差异外，仍可构成有效的接受，从而使合同得以成立。合同的条件就以该项发盘的条件以及接受中所提出的某些更改为准。

8月10日我方应荷兰客户的邀请，针对其指定的某款商品，明确提出了商品的数量、价格、包装、运输和付款等条件，是一项有效的发盘。

8月17日对方的回电当中，不仅没有明确表示接受，而且再三请求我方增加数量、降低价格并延长装运期，这是对数量、价格和运输这三项关键交易条件提出了变更要求。由于对方没有提出其具体要求，我们可以认为是荷兰客户在拒绝原发盘的同时，邀请我方再次发盘，希望我方能提出更加有利于自己的交易条件。

8月18日，我方根据对方提出的要求，将数量、价格和装运期都做了相应调整。这是我方为了争取达成交易而做出的新发盘。

8月24日对方回电，不仅没有表示接受，反而再次要求降低价格并延长装运期。这也是对方在拒绝我方原发盘的同时要求我方进一步优化交易条件。

8月25日我方表示价格不能再降，但是应客户的要求再一次延长了装运期，同时声明9月15日，也就是20天以内接受（以接受到达我方为准）有效。

荷兰客户虽然当时没有立即回电，但是9月14日来电。一方面，对方表示接受8月25日发盘；另一方面，又附加了包装条件，"需提供良好适合海运的袋装"。这实际上是一种有条件的接受。该有条件的接受是否有效，主要取决于内容的变更究竟是实质性的还是非实质性的。《公约》规定："有关货物价格、付款、货物质量和数量、交货地点和时间、一方当事人对另一方当事人赔偿责任范围或解决争端等的添加或不同条件，均视为实质变更发盘的条件。"根据上述规定，很明显，包装条件的添加，不在《公约》所列明的实质性变更之列，因此应属于非实质性变更。

对于非实质性变更，《公约》还规定："除非发盘人在不过分迟延的时间内表示反对其间的差异外，仍可构成有效的接受，从而使合同得以成立。合同的条件就以该项发盘的条件以及接受中所提出的某些更改为准。"从该案例来看，我方在接到对方提出更改包装条件之后，并没有反对包装更改所造成的差异，因此构成了有效的接受。这也导致合同因此而成立了。

我方以"市场发生变动"为由要求撤销发盘的理由也是不成立的。因为我方在发盘时规定了有效期，声明9月15日复到有效。根据《公约》第16条的规定：已经被受盘人收到的发盘，如果撤销通知在受盘人发出接受通知前送达受盘人，可予以撤销；但规定了有效期的发盘，在有效期内不能被撤销。

我方此时发现该产品的国际市场价格已猛涨，当然希望该商品能够随行就市，以更高的价格出售，从而获得更高的利润。这种意愿无可厚非。但是，本案例中我方对发盘有效期规定得太长（20天），致使我方受发盘约束的时间过长，以致后来陷于被动局面。对发盘有效期的规定一般取决于商品的种类、市场情况、交易额等多种因素。一般而言，如果买卖商品是小商品，市价稳定，交易额不大，发盘有效期可规定得相对较长些，如5～7天甚至更长。但是如果买卖商品属于大宗商品、市场敏感性原料性商品或初级产品，交易额较大，而且国际市价波动频繁，商品的发盘有效期则应当规定得相对短些，如 2～3 天甚至更短。因此，对于成交数量大、市场敏感性商品的发盘有效期，应从短掌握，如规定过长，将让国外客户坐等时机，势必给我方增加风险，甚至造成损失。总之，在对外报价时，我们应详细了解国际市场行情以及波动情况，仔细研究供求状况和价格波动的相关因素，考虑周全，谨慎从事，进行准确的价格预测，做到心中有数。

我方还提出发盘未注明"Firm Offer"（实盘）字样，所以合同无效。这种理由也是站不住脚的。"有效发盘"，在我国习惯称为"实盘"，指的是指发盘人对接受人所提出的是一项内容完整、明确、肯定的交易条件。一项发盘被认定为实盘，需要具备以下三项要件：

1. 形式要件。有订立合同的肯定表示，并表明在得到发盘人接受时承受约束的意旨。在实际业务中，发盘一般都附有表示意旨的有关术语，如"发盘""递实盘""发实盘"等字样。如该发盘系实盘，通常都应注明"发实盘"的字样。

2. 时间要件。实盘应明示其有效期限。如"发盘限本月 25 日下午 4 时复到"，就表明该项实盘在其有效期限内受其约束，过期失效。

3. 实质要件。实盘应具备的交易条件，即商品的名称、品质、数量、价格、包装、交货、付款等，而且以上交易条件的表述用词必须明确。不能有"大约""估计""可能"等语。

此案中，我方的发盘不仅包括了实盘的实质要件，即货物的品质、数量、包装、价格、交货时间和支付方式，而且规定了时间要件，即规定了有效接受期限。虽然发盘上没有明确标明"实盘"字样，但是该发盘是应荷兰鹿特丹某客商的要求，对其指定的一款商品报盘，有订立合同的肯定表示。综上所述，该发盘可以确认为实盘，具有确定的约束力。

三、讨论与思考

1. 对方 9 月 14 日来电是否构成了有效接受？为什么？
2. 我方可以撤销 8 月 25 日的发盘吗？为什么？
3. 我方还提出发盘未注明"Firm Offer"（实盘）字样，所以合同无效。这种说法对吗？为什么？
4. 我方应从中吸取哪些经验和教训？

案例三　有效发盘的取消案

一、案例介绍

2014年2月3日，美国休顿电子有限公司（简称"休顿公司"）向我国H电子集团公司（简称"H公司"）提出出售集成电路板20万块，每块FOB维多利亚港25美元的发盘。

H公司接到发盘后，于2月7日去电还盘，请求将集成电路板的数量减少到10万块，价格降为20美元/块，并要求对方即期装运。

2月10日，休顿公司电传告知H公司，同意把集成电路板的数量减少到10万块，保证能即期装运，但集成电路板的价格每块只能降到22块；同时规定，新发盘的有效期为10天。

接到新发盘后，H公司经多次研究，决定同意该新发盘，并于2月15日向休顿公司发出电传，表示接受新的发盘。

2月18日，休顿公司再次发来电传，声称货已与其他公司签约售出，现已无货可供，要求取消2月10日的发盘。

2月19日，H公司复电："我公司已按10万块集成电路板制订生产计划，不同意撤销2月10日的发盘，请贵公司执行合同。"但是休顿公司却声称"无法执行合同"。因此，双方对合同是否成立发生纠纷。

经过双方多次协商，休顿公司同意赔偿因不履行合同给H公司造成的损失，使争议得到了解决。

最终，H公司考虑到休顿公司的实际困难以及休顿公司愿意赔偿损失的诚意，不再坚持履行合同。最终该争议得到了圆满解决。

二、案例分析

本案涉及的主要是有效发盘的取消问题。

一般而言，发盘的取消方式可以分为发盘的撤回与发盘的撤销。其中发盘的撤回是指在发盘发出之后、到达受盘人之前，发盘人可以改变主意将其撤回。发盘的撤销是指在发盘到达受盘人之后,也就是发盘生效之后将发盘取消,使其失去效力。

《公约》第 16 条规定,在订立合同之前,如果撤销的通知在受盘人做出接受通知之前到达受盘人,发盘是可以撤销的。但在下列两种情况下,发盘不得撤销:(1)发盘中明确注明了发盘的有效期,或者以其他方式表明发盘是不可撤销的。(2)受盘人有理由相信该发盘是不可撤销的,而且受盘人已经本着对该发盘的信赖行事,例如寻找用户、组织货源、预付货款等。因为在该种情况下撤销发盘,会对受盘人造成较为严重的损失或者其他后果。

《公约》规定,接受送达发盘人时生效。如果受盘人的接受通知晚于发盘人规定的有效期送达,这在法律上称为"逾期接受"。一般而言,逾期接受无效,发盘人不受其约束,但也有例外的情况。《公约》规定逾期接受在下列两种情况下仍具有效力:(1)如果发盘人毫不迟延地用口头或书面形式将此种意思通知受盘人。(2)如果载有逾期接受的信件或其他书面文件表明,它在传递正常的情况下是能够及时送达发盘人的,那么这项逾期接受仍具有接受的效力,除非发盘人毫不迟延地通知受盘人,认为该发盘已经失效。

在本案中,休顿公司作为卖家,在 2014 年 2 月 3 日主动向我国 H 公司发盘,积极寻求成交的机会。2 月 7 日由 H 公司做了还盘,要求对方将所售商品价格由 25 美元降为 20 美元,并同时修改了交货数量,添加了对装运期的规定。

因此,休顿公司在收到还盘之后,于 2014 年 2 月 10 日再次向 H 公司进行新的发盘。在新发盘中,休顿公司同意 H 公司所要求的交货数量和即期装运这两个条件,但是也提出集成电路板的价格每块只能降到 22 美元;同时规定了该新发盘的有效期为 10 天。

接到新发盘后,H 公司经多次研究后决定同意接受该新发盘,并于 2 月 15 日向休顿公司发出电传,表示接受新的发盘。此时,H 公司在发盘的有效期内,采取声明的方式,同意休顿公司提出的发盘要求。这些共同构成了有效接受。而接受一旦做出,合同即告成立,并且发生法律效力。

2 月 18 日,休顿公司再次发来电传,以货物已售出且已无货可供为由,要求取消 2 月 10 日的发盘。这实际上是要撤销该公司 2 月 10 日所做出的新发盘。但是 2 月 15 日 H 公司已对休顿公司 2 月 10 日的新发盘做出了接受，因此，休顿公司 2 月 18 日的电传所做的撤销发盘的行为是无效的，即 2 月 10 日的发盘是不能撤销的。另外，休顿公司 2 月 10 日的发盘中明确规定了该新发盘的有效期为 10 天。即使该发盘没有被 H 公司有效接受，根据《公约》第 16 条的规定，因为发盘中明确注明了发盘的有效期，该发盘也不得被撤销。

既然 H 公司 2 月 15 日做出有效接受之后，关于集成电路板的买卖合同即告成立，那么 H 公司要求休顿公司严格履行合同的做法就是完全正确的。

最后，经过双方多次协商，休顿公司同意赔偿因不履行合同给 H 公司造成的损失，终止履行合同。H 公司考虑到休顿公司的实际困难以及休顿公司愿意赔偿损失的诚意，不再坚持履行合同，也是合乎常理的。

三、讨论与思考

1. H 公司 2 月 7 日的回电是否构成了接受？为什么？
2. 休顿公司 2 月 10 日的回复是否构成了接受？为什么？
3. 该案例中，合同是何时成立的？为什么？
4. 2 月 18 日，休顿公司再次发来电传，要求取消 2 月 10 日的发盘。请问这是否可行呢？为什么？

案例四 合同的撤销和改约案

一、案例介绍

我国某出口公司甲方于 2014 年 3 月 27 日通过某国外中间商丙方与进口商乙方签订书面合同销售某商品，总值为 RMB 51000，即期 L/C 付款；乙方付款后，由甲方汇寄丙方佣金 3%。开证日期为 2014 年 5 月 15 日前，交货时间为 2014 年 6 月。

但在合约签订后，乙方未按合同规定开来信用证。后经甲方多次催证，乙方不仅未开证，甚至连一个答复也没有。直到 7 月 12 日中间商丙来电称：由于乙方迄今未领到进口许可证，乙方请求撤约，或改装至自由港口——P港。于是，甲方电告丙，不同意撤约，但同意货运目的港改为P港，并请其迅速开证。

不久，丙又来电请甲方同意将信用证即期付款改为D/P即期付款。甲方未及时答复。到11月上旬才电告丙同意D/P即期付款，并告已订好舱位，月中装船。丙接电后复甲方："乙方表示拒收货物，我方仅仅是一个代理，但仍愿以D/P 120天接受该批货物。"

甲方接电时货物已经装船，于是电告丙方请其接受货物，但对甲方是否接受D/P 120天未做任何表示。丙获悉后又要求改为D/P 120天，甲方对此表示不同意，因此丙始终未提货。直至货到目的港2个多月后甲方才表示同意D/P 120天。

此时，丙又电告甲方，船方要索取货物存入海关仓库的存仓费，如甲方负担这笔费用，丙方按D/P 120天提取货物。甲方对此又表示不能接受，并说明这笔费用是由于丙不提货所致。甲、丙双方为此又多次争执不下，直至货被海关当局拍卖处理。至此，甲方无法从丙处得到补偿，完全损失该批货物。

二、案例分析

承诺一经做出，合同就成立了。但是，一项合同的有效成立，必须符合以下五个条件：（1）合同当事人必须具有签约能力。（2）合同必须有对价或约因。（3）合同的内容必须合法。（4）合同必须符合法律规定的形式。（5）合同当事人的意思表达必须真实。

我国合同法规定：有下列情形之一的，合同无效：（1）一方以欺诈、胁迫的手段订立合同，损害国家利益。（2）恶意串通，损害国家、集体或者第三人的利益。（3）以合法形式掩盖非法目的。（4）损害社会公共利益。（5）违反法律、行政法规的强制性规定。

合同可以采用书面形式，包括合同书、信件以及数据电文（如电报、电传、传真、电子数据交换和电子邮件）等可以表现所载内容的形式；也可以采用口头形式，即指当事人之间通过当面谈判或通过电话方式达成协议而订立的合同；还可以是其他形式，如以行为表示而订立的合同。但我国法律一般只保护书面形式的合同。

在本案例中，在 2014 年 3 月 27 日，通过国外中间商丙方，出口公司甲方与进口商乙方通过磋商签订了销售某商品的书面合同。也就是说，该合同是由甲、乙双方达成的协议。该合同的当事人甲、乙双方都是具有权利能力和完全行为能力的独立法人。按照各国的法律规定和国际贸易惯例，他们都具有充当交易主体的合法资格。另外，双方订约的程序也符合相关国际贸易惯例和法律的一般要求，双方的意思表示也是真实的。有鉴于此，该合同在法律上来说已经有效成立，是一份法律上有效的合同。那么甲、乙双方都应该受该合同的约束，依法享受合同中的各项权利，履行合同中的各项义务，并承担履行合同的法律责任。这种合同关系本来是清楚的。

在合约签订后，乙方未按合同规定开证。后来虽然甲方多次催证，但乙方仍未在约定的时间开来信用证。由于乙方没有按照合同规定履行自己的开证义务，因此已经构成了违约。根据国际惯例和各国法律规定，在乙方违约的情况下，甲方可以采取各种救济措施维护自己的利益，例如甲方完全可以向乙方提出损害赔偿的请求，甚至是解除合同。

但是，在本案例中，甲方却没有这么做。当时，甲方在乙方不仅未开证，甚至连一个答复也没有的情况之下，突然接到丙方来电。由于售货心切，甲方抛开缔约的乙方，抓住中间商丙方不放，多次与丙方往返交涉磋商，并同意修改原合同的交易条件，直至给丙方发货。这样，就弄乱了合同关系。甲、丙要履行的合同到底是原来由甲、乙双方所签订的合同，还是由甲、丙双方后来所缔结的一项新合同呢？或者是把原合同由乙方转让给了丙方呢？

如前所述，原本合同关系是非常清楚的，甲、乙双方是缔约人，丙为中间商，甲、丙共同履行原合同无法律根据。丙不仅不是代表乙方的签字人，也不是乙方的担保人。另外，从甲、丙以后相互往来的电文来看，甲、丙双方始终也没有确立新的合同关系，因为一项合同关系的建立，必须是双方当事人协商一致，并且经过了合法的磋商程序——一方要约和另一方的承诺，才能产生受合同约束的法律效果。在本案例中丙提出了一些条件，如要求将信用证即期付款改为 D/P 120 天付款。甲方对此表示不同意。在丙始终未提货的情况下，甲方无法可施，在货到目的港 2 个多月后才表示同意 D/P 120 天。这并不能说明双方已达成了协议，更不能说一方的要约经另一方承诺而确立了新的合同关系。因为承诺必须在要约的有效期内做出。在本案例中，丙方的要约没有明确规定有效期。按照相关法律和惯例规定，承诺则应该在一段合理期限内做出。而所谓的合理期限应包括三项内容：要约到达受要约人的时间，做出承诺所必要的时间，承诺通知到达要约人所必需的时间。在本案例中，甲方在货到目的港 2 个多月后才同意丙方的条件，很显然，这已经超过了合理期限的范围。

至于一项合同的转让，从法律上说是可以的。但是，合同的转让，必须经过合同的双方当事人同意，并办理必要的转让的手续，才能生效。在正常的情况下，转让除了经双方同意以外，一般还要求双方签署书面协议或委托书，作为法律上的依据。任何一方都不能随意将合同的权利、义务单方面地转让给第三者。否则，该转让是无效的。在本案例中，乙方始终退避三舍，避而不理，从来都没有表示要将甲、乙之间的合同转让给丙，更没有办理过任何的转让手续，所以不存在甲、乙之间的合同已经转让给甲、丙的说法。

该合同中规定，乙方付款后，由甲方汇寄丙方佣金 3%。这已经明确表明，事实上，丙只是促成甲、乙达成交易的佣金代理商而已。中间媒介的责任是兜揽生意，一旦买卖方交易成后，即由买卖双方直接签约，并由买卖双方依据履行。有时，代理商受买方或卖方的委托以委托人的名义签约，它与委托人的关系仍然是委托关系，履约仍由委托人去履行。佣金代理商本身不负履行合同的责任，但是有一定程度的督促对方履约的义务，享有获取佣金的权利。

本案甲方并没有根据相同合同条款以及相关国际贸易惯例和法律的规定，紧紧抓住缔约人乙方，据理力争，说服乙方履行合同，甚至采取某些必要的救济方法维护自己的合法权益，要求对方赔偿因其违约给我方造成的损失。与此相反，却放过乙方，与佣金代理商纠缠不清。这样做，必然使自己处于完全被动的地位。对于佣金商来说，在该交易过程中出现各种情形，只能表明其商业信用不佳，但不能要求其承担不履约的法律责任。毕竟，合同是在甲、乙之间订立的。

甲方显然是在没有任何书面法律依据和保障的情况下，向丙方发货，势必只能造成由自己承担后果的局面。

我们要吸取的教训是：（1）外销人员必须有清醒的头脑，对某些外商要提高警惕，防止他们找借口毁约。因此，要熟悉进出口业务和国际贸易法律方面的知识。一笔交易从签约到履约都要有所依据，不能轻信商人的口头表示。在无保障的情况下,不能轻易把货发走。(2)应搞清楚一项合同的当事人以及其他关系人的法律地位和各方的责任,不能把合同关系搞乱。一项合同既不能轻易放弃也不能任意转让。合同的缔结是一种法律行为,无故不履约的一方一般都要承担违约的责任。这是各国法律和国际贸易惯例都承认的原则。我们应当利用这一原则和国外不守信誉、不履行合同的商人(签约人)做必要的斗争,以维护我方的合法利益。

三、讨论与思考

1. 这笔交易的买卖双方当事人究竟是谁?
2. 该合同是否已由甲、乙双方转移为甲、丙两方,从而确立了新的合同关系?
3. 丙在该案例中的法律地位和责任是什么?
4. 我们应该从该案例中吸取哪些教训?

第三章　商品品质、数量、包装

章前导读

在国际货物贸易中，进出口双方所进行的每一笔交易，一般首先要涉及的就是标的，也就是交易商品的基本信息，包括商品的品质、数量、包装。它们共同构成了商品说明（Description）的主要组成部分。如果出口商交付的商品不符合合同中有关商品说明的品质、数量、包装的相关规定，进口商就有权根据违约情况，要求出口方降低价格、修复或者交付替代物、损害赔偿等，甚至可以拒收货物乃至解除合同。因此，在外贸合同中对商品的品质、数量、包装做出明确的规定，显得至关重要。

案例

案例一　合同品质条款签订不当引起的纠纷案

一、案例介绍

2014年10月，广东江门A公司向香港B商行按每公吨610美元FOB广州出口铸铁井盖5000公吨。合同规定整批货物分10批出口，每两个月装运一批，每批500公吨。货物由买方提供图样进行生产，交货后经买方验收后方可接收。

该合同品质条款规定：（1）铸件表面应光洁。（2）不得有气孔、裂纹、砂眼、缩孔、夹渣和其他铸造缺陷。

合同还规定，合同订立后10天内，卖方须向买方预付相当于第一批货物金额 10% 的品质保证金；第一批 500 吨合格货物交货后，卖方可在 5 天内收回保证金；货物装运前卖方应通知买方前往产地抽样检验，并签署质量合格确认书；买卖双方不得单方面终止合同，否则由终止合同的一方承担全部经济损失。

合同签订后，卖方 A 公司很快就将保证金约 25 万元人民币汇交港商，然后按其提供的图样，投入了相当的人力、物力进行试生产。当生产出部分产品后，卖方电告买方按合同约定前来验货，一旦验收合格，立即进行大批量生产。但港商先是以工作繁忙为由，一拖再拖，迟迟不来验货。在卖方再三催促后，买方提出先请当地商检部门代为验货。为及时取得合格确认书，保证按期交货，卖方无奈请求当地商检局代为检货。

当检验人员赶赴现场并仔细审查合同后发现品质条款中第一条中所谓的"光洁"概念十分模糊，没有具体标准和程度，存在着引起纠纷的可能。品质条款的第二条存在的隐患更大，极易使卖方陷入被动。

我商检人员立即意识到，这极有可能是一起利用品质条款的欺诈案。于是检验人员立即封存样品，并让卖方再次通知港商按合同规定由其前来检验货物，在未等到品质合格结论之前，卖方决不可贸然进行大批量生产。但港商接到通知后，不仅不来检验货物，反而回函称要通过法律程序解决。至此，卖方彻底醒悟了。后经多方查证，该港商采用上述手段已经诈骗内地多家企业，此次卖方虽及时停止生产，避免了更大损失，但被骗的 25 万人民币保证金却无法追回。

二、案例分析

进出口贸易中商品种类繁多，各具特色，因此，表示品质的方法也不尽相同。总体而言，主要有两种表示方式，一是以实物来表示商品品质，包括看货成交和以样品表示商品品质，具体又分为凭卖方样品买卖、凭买方样品买卖和复样成交三种；二是以文字说明来表示商品品质，包括凭规格买卖、凭等级买卖、凭标准买卖、凭说明书和图样买卖、凭商标或品牌买卖以及凭产地名称买卖。其中，说明书和图样主要用于机器、仪表等技术密集型产品，如计算机、精密仪器等，因为这些产品的外形、构造、用途、包装往往较为复杂。在采用该种品质表示方法时，卖方要承担所交货物的质量必须与所附说明书、图样、文字等的描述完全一致的责任。

在订立品质条款时，一定要正确选择表示品质的方法。能够用指标说明的商品，可规定按规格、等级或标准买卖，难以说明的可规定凭样品买卖，名优产品可凭商标品牌买卖，电器、仪表可凭说明书买卖。另外，由于卖方交货品质必须严格与合同规定的品质条款一致，而有些产品由于其自身的特性，或者生产工艺的限制，品质很容易产生误差，品质指标很难达到百分之百。为了保证合同的顺利履行，避免因交货品质与买卖合同稍有不符而造成违约，一般都会在合同的品质条款中做出灵活的规定。在外贸实践中，主要是规定品质公差或者品质的机动幅度。允许卖方交货品质可在一定幅度内机动掌握。卖方交货只要没有超过规定的限度，买方就无权拒收。

在本案例中，买卖双方在合同中约定货物由买方提供图样进行生产，说明这是根据图样进行的买卖。在国际货物买卖中，有些商品如机器、电器和仪表等技术密集型产品，因结构复杂，对材料和设计的要求严格，用以说明性能的数据较多，很难用几个简单的指标来表明品质的全貌。因此，对这类商品的品质，通常以说明书并附以图样、照片、设计图纸、分析表及各种数据来说明具体性能和结构特点。

在凭说明书和图样买卖时，一般都要求卖方所交货物必须符合说明书或者图样的各项规定。买卖的商品应该严格符合合同的品质条款，否则买方有权拒收货物。但是由于这些产品的技术要求往往比较高，因此在交易中，卖方一定要科学地制定品质条款：（1）既要考虑到买方客户的要求，又要兼顾到自己的供货能力。应防止品质条款偏低或偏高。首先品质要求过高，会造成商品难以加工和生产，严重的还会造成卖方违约。因此，对于做不到的品质要求，不应该接受。对于一些品质要求较高的商品，应与生产部门充分协商，并且取得同意后才能接受。另外，品质要求过低，会影响成交价格，甚至对出口商品的信誉造成不良的后果，而且也未必符合买方要求。因此，对于一些可以做到或者可以进一步提高品质的商品，就不应该把品质指标订得比实际商品还低。（2）为了方便检验和明确买卖双方的责任，品质条款的内容和文字还要做到简单、具体、恰当和明确。文字一定要精炼，语意准确，千万不要用"大约""左右""上下""可能"等模棱两可、含糊不清的字眼，以免引起较大的争议。

在本案例中，双方的品质条款规定铸件表面应光洁，而且不得有气孔、裂纹、砂眼、缩孔、夹渣和其他铸造缺陷。从表现上看，该品质条款好像合情合理，卖方也完全能够按照自己的供货能力进行生产。但是，该品质条款的文字表述其实十分不明确："光洁"概念十分模糊，没有具体的标准和程度，非常容易引起纠纷；"其他铸造缺陷"等内容存在的隐患更大，表述太过笼统，极易使卖方陷入被动局面。我们也发现，正是由于该品质条款的模糊不清，导致在货物检验中卖方完全处于被动的地位，无法遵照合同的规定取得质量合格确认书，使自己违约了。更为致命的是，合同还规定，合同订立后 10 天内，卖方须向买方预付相当于第一批货物金额 10% 的保证金；第一批 500 吨合格货物交货后，卖方可在 5 天内收回保证金。由于卖方无法提供相应的第一批货物的质量合格确认书，卖方无法收回之前汇出的约 25 万元人民币的保证金。

在案件的最后，卖方意识到欺诈的可能，再次通知港商按合同规定由其前来检验货物时，港商不仅不来检验货物，反而回函称要通过法律程序解决。后经多方查证，该港商采用上述手段已经诈骗内地多家企业。这已经充分说明在进出口业务中，有许多外贸公司利用品质条款的缺陷和漏洞来获利。因此，我们一定要做好合同风险的事前防控工作。对于重要的品质条款，要字斟句酌，最好是参考一些标准文本并结合交易的实际情况进行增删。对于难以把握的文字内容，可以考虑聘请专业律师审查，以防患于未然。

如果纠纷已经出现，我们就要积极化解纠纷，依法捍卫本企业的合法权益。应以友好协商的态度来处理问题，这样有利于收集到有利的证据。一旦引起冲突和争执，对方往往采取不合作的态度，从而使事情陷入僵局。在本案例中，我方会同检验部门立即封存样品，并马上再次通知港商按合同规定由其前来检验货物，这是值得肯定的。另外，卖方立即停产，在未等到品质合格结论之前，决不可贸然进行大批量生产，这样也进一步避免了更大的损失。这也是比较明智的一种做法。

三、讨论与思考

1. 该案例中采用的哪种品质表示方法？为什么？
2. 该商品的品质条款有何不妥之处？为什么？
3. 在制定品质条款时一般应该注意哪些问题？
4. 我们应该从该案例中吸取哪些经验和教训？

案例二 合同品质条款签订不当引起的纠纷案

一、案例介绍

2013年10月，我国山东烟台A出口公司与德国B公司签订出口某商品的合同，数量为100吨，单价为每吨CIF不来梅80英镑，品质规格为：水分最高15%，杂质不超过3%，交货品质以中国商品检验检疫为最后依据。但在成交前我方公司曾向对方寄送样品，合同签订后又电告对方，确认成交货物与样品相似。

货物装运前，A出口公司取得了由中国国家进出口商品检验局（CCIB）（以下简称"商检局"）检验签发品质规格合格证书。货物运抵德国后，该德国公司却提出：虽有商检局出具的品质合格证书，但货物的品质却比样品差，卖方应有责任交付与样品一致的货物，因此要求每吨减价6英镑。

我方公司以合同中并未规定凭样交货，而仅规定了凭规格交货为理由，不同意减价。于是，德国公司请该国某检验公司进行检验，出具了所交货物平均品质比样品低7%的检验证明，并据此向我方公司提出索赔600英镑的请求。

我方出口公司则仍然坚持原来的理由而拒绝理赔。德国公司遂请求中国国际贸易促进委员会对外贸易仲裁委员协助解决此案。此时，我方出口公司进一步陈述，这笔交易在交货时商品是经过挑选的，因该商品是农产品，不可能做到与样品完全相符，也不至于平均品质比样品低7%。由于我方出口公司没有留存样品，对自己的陈述无法加以说明，仲裁机构也难以处理，最后只好赔付了一笔品质差价而结案。

二、案例分析

样品是从整批商品中抽取出来的，或者在大批量生产出来之前，根据商品设计而先行生产、制作而成的，能够代表商品品质的少量实物。它适用于一些不能用科学方法或者指标表示其品质，或者在颜色、气味、造型等方面有特殊要求的商品的交易，如工艺品、土特产品、服务、轻工业等。

具体而言，根据样品的种类和提供者的不同，又可分为三种：（1）凭卖方样品买卖。即凭卖方提供的样品磋商交易和订立合同，并以卖方样品作为交货品质的最后依据。在此情况下，在买卖合同中应明确："品质以卖方样品为准。"（2）凭买方样品买卖。一般也称为来样成交或来样制作。在这种场合，买卖合同中应明确："品质以买方样品为准。"但是，由于原材料、价格、技术、设备以及生产安全等条件的局限，凭买方样品买卖可能对卖方交货时满足品质要求有一定的困难，其程序通常要比凭卖方样品成交复杂。（3）复样成交。复样成交是指卖方根据买方提供的样品，加工复制出一个类似的样品交买方确认。这种经确认后的样品，称为对等样品或回样。如果卖方对商品品质没有绝对把握，应事先在合同中说明。

另外，在实际的外贸业务当中，买卖双方往往会相互寄送样本，一是为了宣传该商品，扩大成交的可能性；二是加强业务交流，促进彼此的了解，增强业务关系。因为寄送样品一方的主要目的是介绍商品，并不是作为交货品质的依据，所以这种样品一般被称为"参考样品"。当然，在实际操作中，为了避免与标准样品混淆，应该在往来函电或者明确表示该样品仅供参考（For Reference Only），即参考样品。

由于在凭样品买卖中，卖方必须做到交货品质与样品完全一致。对于与样品不符的货物，买方可以拒收或提出赔偿要求。由于在凭样品买卖的过程中，买卖双方很容易产生争议，因此，以样品表示品质的方法，只能酌情采用。凡是能用科学的指标表示商品品质时，就不宜采用此法。

进一步的，为了防止产生纠纷，在向买方寄送样品的同时，卖方应该及时向检验部门或者公证部门申请签封样品，以备交验货物或者将来解决品质争议之用。

从合同的条款来看，本案例虽然在贸易合同中只规定了品质规格条款，并未规定凭样交货，但是在签约前曾递交了样品，在签约后卖方又电报确认了货物品质与样品相似。这个电报可以理解为，"确认货物与样品相似"，实际上是合同中品质规格条款的一种补充。实质上，这已经构成了凭样品交货。

此外，在该案例当中，双方在合同中约定水分最高15%，杂质不超过3%，这属于凭规格买卖。具体而言，就是采用一些足以反映商品品质的主要指标，如化学成分、含量、性能、容量、长短、粗细等描述商品品质。由于该方法明确具体、简单易行，因此，应用非常广泛。例如，那些科技含量相对较高的商品，或价值比较贵重、仅凭外观难以全面反映商品品质，或者难以用实物说明商品品质的买卖。

品质表示方法可以单独使用，也可以根据商品的特点和实际情况，结合多种方法使用。从本案例来看，这笔交易不仅采用了凭规格买卖，而是既凭规格又凭样品买卖。当然，这也就意味着，根据国际贸易习惯的做法，卖方在交货时，货物的品质既要符合合同中指定的规格，又要做到和样品一致；否则，买方有权拒收货物，并可提出索赔要求。出口公司提出本合同不是凭样品买卖的合同，因此，只需交付合同所规定的品质规格的货物，不承担交货品质与样品不符的责任，这是站不住脚的。

当然，卖方在样品确认中也提出了成交货物的品质与样品相似，而不是严格相符。该条款一般在卖方对所交货物没有绝对把握时采用，是一种比较灵活的规定。这就允许卖方在交货时有一定范围的品质波动，对于卖方而言比较有利。但是，这也仅限于品质稍有不符的情况。如果所交货物的品质与样品相比存在较大差异的时候，不论卖方在交货时是否对货物挑选过，都要承担品质不符的责任；买方则可以拒绝收货，甚至要求补偿。因此，卖方在样品的选择上就要多加注意，既不要选择品质太低的产品作为样品，因为这体现不出其竞争力，而且还可能导致质次价低；也不要选择品质太高的产品作为样品，虽然这会增加成交的可能性，但是也会导致卖方很难做到所交货物的平均品质能够和样品的品质一样。

在本案例中，德国公司出具了该国某检验公司的检验证明，清楚地显示卖方所交货物平均品质比样品低7%。而我方出口公司却陈述说交货时商品是经过挑选的，虽然不可能做到与样品完全相符，但也不至于平均品质比样品低7%。很显然，卖方不认可德国公司提出的7%的差异。这就要求卖方拿出自己的样品或者检验结果。但是非常遗憾，我方没有留存样品，无法拿出证物证明自己的陈述。从法律上来说，就算卖方陈述的是事实，但是也无效的。正确的做法是，卖方应该在交付样品时，直接向检验部门或者公证部门申请签封样品。这样在发生争议的时候，卖方就可以直接拿出签封的样品，委托官方或者权威的检验部门进行检验，这样就有了解决品质纠纷的依据。

我们应该从该案例吸取以下几点教训：

第一，严格按合同规定办事。本案例中有关工作人员对凭样买卖的性质以及国际贸易业务中的通常做法不够熟悉和了解，在已经签约的情况下，却又去电确认所交货物与样品相似，这完全是多此一举。这样做，把一般凭规格的买卖，变成了既凭规格又凭样品的买卖，使自己承担了本可不承担的责任。因此，如果交易货物的品质能够以规格确定，就不需要再寄送样品，更不能轻易地确认交货品质与样品相似。当然，为了进行商品宣传也可以寄送样品，但应该明确表示该样品仅供参考，即参考样品。

第二，在凭样品交货的合同当中，应该妥善保存复样，并且及时向检验部门或者公证部门申请签封样品。这样，一旦发生争议，我们可以对复样进行重新检验，以便进行对比，从而分清责任的归属。

另外，对于可能发生的品质争议，合同中应该制定专门的仲裁条款，以备将来解决争议之用。因为与诉讼相比，仲裁具有收费低、结案快、程序简单、气氛宽松等特点。本案合同中没有约定仲裁条款，以致发生争议后，双方不能通过仲裁解决争议。这种失误不可能不给卖方造成损失。虽然中国国际贸易促进委员会对外贸易仲裁委员会介入了，但只是协助解决此案而已，不能发挥其作用进行仲裁。

三、讨论与思考

1. 该笔贸易中运用了哪些品质表示方法？请予以详细说明。
2. 我方公司认为合同中并未规定凭样交货，而仅仅规定了凭规格交货。这种说法成立吗？为什么？
3. 中国国际贸易促进委员会对外贸易仲裁委员会在该争议的解决中发挥了何种作用？
4. 我们应该从该案例中吸取哪些教训？

案例三　按规定数量交货却遭拒绝案

一、案例介绍

2013年6月，我国某出口企业A公司与美国B贸易公司签订了一份出口大豆的外销合同，数量为 600 公吨，允许溢短装 5%，单价为每公吨 520 美元 CIF 纽约，总值为 312000 美元，结算方式为不可撤销即期信用证，装运期为 2013 年 8 月。

7 月 12 日，对方按期开来信用证。经审核，信用证中货物的数量、单价、总值均按合同规定开立，但是信用证中并没有注明是否允许溢短装 5%。

8 月 10 日，A 公司装运了 630 公吨货物，并制作完成了一整套的完整单据，并于 8 月 16 日向开证行交单要求收款。

8 月 20 日，该企业接到由议付行转来的拒付书，理由是：发票金额为 327600 美元，信用证最高金额为 312000 美元，发票金额超出了 15600 美元。

该企业只得重新开出金额为 312000 美元的发票，向开证行收回了 600 公吨的货款。其余 30 公吨的货款，进口商拒绝付款。但是此时 630 吨货物的所有权凭证（提单）已经掌握在进口方手里。由于金额不大，通过诉讼程序解决此事较麻烦，该企业只得放弃收款的权利，最终造成 15600 美元的损失。

二、案例分析

商品数量（Quantity）是指以一定的度量衡单位表示商品的重量、数量、长度、面积、体积、容积等。商品数量是买卖双方交接货物的依据，也是制定单价和计算总金额的主要依据。更进一步，它也是构成有效合同的必备条件。因此，选择适当的计量单位和计量方法，制定合理的数量条款，对于买卖双方而言都有着非常重要的意义。

在国际贸易中，通常采用公制、英制、美制和国际标准计量组织在公制基础上颁布的国际单位制。由于度量衡制度不同，即使是同一计量单位，所表示的数量差别也很大。此外，有些国家对某些商品还规定了自己习惯使用的或者法定的计量单位。因此，熟悉不同度量衡制度下计量单位的真实含义以及换算方法是非常重要的。

在实际的进出口业务中，我们还应该考虑国外市场的供求状况、国内货源供应情况、国际市场的价格动态和国外客户的资信等情况，正确掌握商品成交的数量，防止盲目成交。另外，对于一些数量难以严格限制的商品，为了便于履约，使交货数量具有一定的灵活性，买卖双方可以在合同中规定溢短装条款。溢短装条款是指在合同中规定，交货数量允许有一定的机动幅度，并明确溢短装部分由谁选择和作价原则，也称为增减条款。一般不要采用"约""大概""左右"等约量词语，因为世界各国和各个行业对它们的解释存在较大不同，很容易产生歧义和争议。因此，如果要使用这类约量词语，最好在合同中一并规定它们的范围。《跟单信用证统一惯例》（UCP600）第39条规定：（1）"约"或"大约"用于信用证金额或信用证规定的数量或单价时，应解释为允许有关金额或数量或单价有不超过10%的增减幅度。（2）在信用证未以包装单位件数或货物自身件数的方式规定货物数量时，货物数量允许有5%的增减幅度，只要总支取金额不超过信用证金额。

在本案例中我国出口商没有完全掌握数量机动幅度在实际业务中的正确运用，特别是没有正确领会合同与信用证中数量与金额的关系，导致不能很好地把握交货数量，给后面的货款回收工作带来很大的麻烦。

合同和信用证中均已经注明数量为600吨。因此，从最安全的角度来看，卖方按此数量交货，并且缮制、备妥全套的符合信用证规定的单据，然后提交给开证行或者相关的议付行，就能安全收汇，拿回自己的全部货款。但是，很遗憾，A公司没有掌握好这种最好的交货数量，而是装运了630公吨货物，多装了30公吨的货物。

虽然合同中已经规定有5%的机动幅度，意味着买方可多交或少交5%的货物数量。但信用证未明确规定有溢短装，这似乎意味着按照信用证卖方只能按既定的数量标准600公吨来交货了。但是，《跟单信用证统一惯例》（UCP600）规定：在信用证未以包装单位件数或货物自身件数的方式规定货物数量时，货物数量允许有5%的增减幅度，只要总支取金额不超过信用证金额。在本案例中，合同及信用证均没有注明包装单位件数或货物自身件数，因此可以使用5%的增减幅度。但是该规定也明确了总支取金额不超过信用证金额，即信用证的最高支付限额为312000美元（600公吨的总价）。所以本案例中8月20日议付行转来的拒付书是有道理的。

因此，本案例中的卖方只能按信用证规定数量交货600公吨，货物不充足时可在5%幅度内予以少交，但不能多交。否则，将拿不回多交的那部分货物的货款。本案例中卖方就是因为发票金额超出了信用证限额，导致损失了15600美元。

综上所述，本案例中卖方的失误其实就在于审证时仅注意到信用证与合同在数量和总值表面上一致性，而忽视了审核溢短装条款，或没有正确理解 UCP600 第 39 条的含义。

因此，在实际业务中应注意以下三个方面：（1）在信用证中应详细列明数量和金额的机动幅度。（2）对照合同，仔细、谨慎审核信用证条款。当合同条款与信用证规定有出入时，应该以合同为准，尽快要求对方修改信用证，直至两者完全一致为止。（3）如果信用证条款与合同并没有做到完全一致，那么在交货前应该仔细研读相关条款，选择最佳的交货数量。就像本案例，如果卖方选择将交货数量控制在 570～600 吨，那么就可以顺利拿回自己的所有货款。

三、讨论与思考

1. 信用证对于溢短装条款是如何规定的？
2. 8 月 20 日议付行的拒付理由成立吗？为什么？
3. 卖方如何才能避免类似的损失发生？
4. 我们应该从本案例中吸取哪些经验教训？

案例四 合同包装条款签订不当引起的纠纷案

一、案例介绍

2013 年，我国江苏省某外贸公司与西欧一客户签订一份 CIF 合同，出口一批工艺品，规定内包装盒子由客户免费提供。

距合同规定交货期的前三个月，公司去电"货将备妥，请速提供内包装盒子"，客户未作答复。一个月后，公司再次去电"货妥急等内包装盒，否则货将无法按期装运"。客户又未回复。

几天以后该客户派了一位远东分公司的代表来厂看货，当场表示"内包装印刷来不及，不再提供，可由厂方自行解决"，并指明用无印刷的单层瓦楞纸盒。我方工厂当即按该代表意见办妥纸盒,进行包装,进仓待运。

然而,就在合同规定的装运期前一个月,客户突然来电:"此批货物仍用我方提供的包装。"我公司当即回电说明:货已按对方远东公司代表意见包装完毕,进仓待运,无法更改。客户回电承认远东分公司代表同意用我方自己包装是出于好意,旨在解决工厂困难。现由于用户坚持要用印刷的包装盒,事出无奈,要我方理解和合作,但经济损失不能承担。包装一定要改,否则,将不履行合同。

在这种情况下,公司考虑到该商是老客户、大客户,关系不宜搞僵,同意客户要求,重新换包装。

二、案例分析

在国际货物贸易中,除了少数商品如裸装货物、散装货物不需要包装之外,其他大多数货物都需要适当的包装。商品包装是商品生产的继续。一般而言,商品包装不仅可以保护商品,还能美化商品,促进销售,而且包装本身也是货物说明的重要组成部分。因此,只有完成了商品的包装,才算完成了整个的生产过程,才能进一步进入流通领域和消费领域。如果商品的包装不符合合同约定的条件、行业惯例或者该国的文化风俗习惯,按照许多国家的法律或者国际惯例,买方有权拒收货物,同时提出损失赔偿,甚至有权解除合同。因此,合同的包装条款对于交易双方特别是卖方履行合同具有非常重要的意义。

包装种类很多,根据包装在流通中所起的作用,可分为运输包装和销售包装。为了便于在储运、检验和交接过程中识别货物、合理操作,在货物交付运输之前,都要求在运输包装上压印、刷制或者书写一些简单的文字、图形或者数字,这些统称为运输包装标志。按其用途,可以分为运输标志、指示性标志和警告性标志。

在制定包装条款中,我们要注意:(1)出口包装要遵循外国对包装的有关规定和惯例。由于各国的文化习俗、生活习惯、经济水平往往存在很大的差异,因此各国的消费者往往具有不同的消费习惯。所以,在设计商品包装特别是内包装时,一定要注意买方的消费习惯,使图案、色彩等方面尽量符合出口国的习惯。(2)努力实现运输包装标准化,使我国出口包装与国际包装标准完全一致。近些年来，条形码已经在世界上许多国家的销售包装上得到广泛应用，成为众多商品进入超市和大型商场的通行证。为了进一步扩大我国出口商品的销售市场，适应国际需要，我们应该争取在适当的时候印制条形码。（3）对包装方式、材料要做出明确而具体的规定，尽量避免使用含糊不清的文字。一般不宜采用"适合海运包装""习惯包装""通常包装"等字眼，因为它们缺乏统一的国际贸易惯例或者解释，非常容易引发争议。（4）注意对方国家有关部门商品销售包装及标签的具体规定和要求。如有些进口国禁止或者限制使用某些包装材料，如加拿大、欧洲各国一般都禁用稻草、干草和报纸作为包装衬垫物。有些国家对运输标记有特殊的规定，如沙特阿拉伯等伊斯兰教国家禁用猪和类似猪的熊猫、十字架、六角星等图案。（5）在合同中明确规定运输标志由谁提供。按照相关的国际惯例，卖方可以决定自行设计运输标志，也可以由买方来提供。通常情况下，如果买方没有特殊要求，运输标志一般由卖方来设计完成，而且一般也不需要在合同中详细订明。但是，如果买方提出商品的包装上应该印制由其指定的唛头，那么合同中就必须详细规定唛头的具体样式以及相关的字体、文字大小、印制位置等要求，或者提交唛头式样的时限。最为关键的一点，一定要在合同中规定，如果卖方没有在合同规定的时限内收到相关的运输标志，则卖方有权自行决定运输标志的设计及印刷等事宜。（6）在合同中明确规定包装材料和包装费用由谁负担。通常情况下，按照国际贸易惯例，包装材料一般由卖方提供，包装费用也包含在合同的款项之中，不需要在包装条款中做出额外的规定。但是，如果买方对包装材料和包装方式有特殊或者额外的要求，则在合同中就应该对包装材料的提供和包装费用由谁负担做出明确具体的规定。一般而言，增加的包装费用通常由买方负担，但是同时也要详细地订明该费用的支付时间和方法。另外，既然包装材料由买方提供，那么买方是提供全部的包装材料还是部分的包装材料。特别的，一定要规定包装材料到达卖方的最迟期限，以及相关的包装逾期到达的责任负担问题。

此外，为了打破某些进口国或地区的关税壁垒和非关税壁垒，以及适应国外市场的特殊需要（如转口销售），一般会采用中性包装，即既不标明生产国别、地名和厂商名称，也不标明商标和品牌的包装。近年来，国际社会对中性包装的做法产生了一些争议，因此在进出口业务中应谨慎使用。在我国出口贸易中，采用定牌生产时，除非另有规定，出口商品或包装上均需标明"中国制造"字样。

在本案例中，我国江苏省某外贸公司和西欧客户在合同中已经约定该批商品的内包装盒子由客户免费提供。这表明商品内包装材料由买方提供，并且该部分的包装费用也由买方负担。

在距合同规定的交货期的前三个月，出口方为了保证按照合同约定的时间交货，特意通知买方，通知买方尽速提供内包装盒子，但是客户未作答复。一个月后，公司担心无法按期装运，再次去电，但是客户又未回复。这给我方的交货带来了很大的困扰。本来我方已经做足相关的准备工作，只要买方能够及时地提供包装，我方是完全能够按照合同规定交货，而且无意外的话，是完全能够取得全部的合同款项的。但是，现在由于买方没有及时地提供内包装盒子，能够按时交货的可能性已经在逐渐减小了。所以，我们发现，合同中存在的一个疏漏之处就在于没有明确规定买方提供包装材料的最后期限以及相关的逾期责任。如果买方一直没有提供内包装盒子，导致我方不能交货，那么这显然属于买方违约，我方不用承担任何法律责任，还可以要求对方支付违约金，或者要求其他赔偿。但是，如果买方最终提交了相应的内包装盒子，但是装运期已经十分临近，我方将陷于非常被动的局面，可能不仅做不到按时交货，还要负担相应的违约责任。至于买方，则因为最终提交了相应的内包装盒子，完成了合同规定的包装义务，不用承担任何法律责任。

从该案例的案情来看，几天以后，情况发生了变化，客户突然派了一位远东分公司的代表来厂看货，并且当场表示"内包装印刷来不及，不再提供，可由厂方自行解决"，并指明用无印刷的单层瓦楞纸盒。似乎一切担心已经消除，虽然买方无法进一步提供包装材料，但是好在已经有了解决的办法。我方工厂当即按该代表意见办妥纸盒，进行包装，进仓待运。这主要是我方考虑到，虽然我方自行解决包装可能会引起包装费用的增加，但是该合同仍然可以继续履行，我方已经完成了整批货物的包装，并且进仓待运，这说明我方仍然是可以按时交货并且取得全部的合同货款的。

然而，就在合同规定的装运期的前一个月，事情突然又发生了大的改变。客户突然来电，坚持原来的合同包装条款，要求该批货物仍然采用由买方提供的内包装盒子。虽然该包装材料仍然由买方免费提供，但是我方已经按照客户远东分公司代表意见包装完毕，进仓待运，包装很难进行更改了。

但是，客户在回电之中，虽然一方面承认远东分公司代表同意用我方自己包装是出于好意，旨在解决工厂困难；但是另一方面也坚持包装一定要改，因为用户坚持要用印刷的包装盒。最重要的一点是，经济损失不能承担，否则将不履行合同。这说明对方的态度十分坚决。这样，包装条件已经没有回旋的余地了。我方考虑到对方是老客户、大客户，关系不宜搞僵，只能花费大量的人力、物力和材料，撤下已经进仓待运的由我方提供无印刷的单层瓦楞纸盒，然后更换上客户提供的内包装盒。此时距离装运期只有一个月了，时间短，工期紧张，我方十分被动，只能加班加点加快进度。更为重要的是，我方不仅损失了之前准备的由我方提供无印刷的单层瓦楞纸盒的相关材料费等成本，而且我方包装单层瓦楞纸盒、拆掉单层瓦楞纸盒、包装客户提供的内包装盒，如此反反复复，也导致了巨大的人工费用开支，更不用说在此过程中其他人力、物力的损耗了。

综上所述，我们总结出以下五点。

1. 按照合同规定的时间、方式交货是卖方的一项基本义务。本案中，我方是能够按照合同规定的时间交货，运输安排上也不存在问题，但能否按时履行交货义务，又以对方能否及时按合同规定提供内包装盒子为条件。但本案合同没有规定对方提供内包装盒子的时间，虽然可以确定应在我方交货前一段合理时间内提供，但这段时间究竟应该多长，是容易引起争议的。由于对方提供内包装的时间不确定，在业务上对方就掌握了主动，他们可以利用时间的可伸缩性来达到控制我方交货时间的目的，以符合他们的销售意图；我方则在生产安排和交货时间上陷于被动，不可避免地造成经济上的损失和工作上的忙乱。所以，有关由客户提供的包装标签、吊牌、辅料等，均应在合同条款上明确规定到达我方的时间，并规定如不能按时到达而引起我方不能按时交货，均应由对方负责并承担经济损失。

2. 对方代表到工厂看货时，口头同意内包装由我方提供，这应该视作合同条款的变更。但是，这仅仅是在口头上达成了一致，当时并没有签署书面协议。众所周知，口头协议有非常明显的局限性，非常容易引起争议。如果协议双方当事人都信守承诺，那么合同就可以顺利履行；但是如果有一方反悔或不遵守约定，那么就可能造成合同不能履行。由于缺乏相关证据证明，在产生纠纷时，主张方往往因为举证困难而败诉。因此，在与外商签订或修改合同时，一定要坚持做出书面协议。这样双方在后期履行合同的过程中引发争议的时候，我们才拥有切实的证据。

3. 要确定客户派来的代表是否有权变更合同条款。我方应该向客户核实对方代表是否有签署协议的授权证明，否则，即使签署了协议，也可能是无效的，这正是本案我方处于不利地位的根本原因。

4. 我方同意对方代表的口头意见，将内包装改为由我方负责，理应要求对方承担相应的费用。在对方出尔反尔，又要求内包装仍由对方提供，招致我方经济损失，应该可以通过协商的办法由对方酌情承担，于情于理，我方都可以提出这项要求。

5. 对方是老客户，我们容易放松警惕，不太重视合同条款的字斟句酌，以为问题可以协商解决。但事实上只要问题关系到对方的利益，对方决不会轻易让步。而且，如果因为合同条款不太明确，容易引起业务纠纷，则反而不利于双方融洽关系的保持。所以，不论从维护我方合法权益角度，还是从促进业务关系角度，都应该注意合同的质量，把合同条款制订得具体、严密和完善。

三、讨论与思考

1. 一般而言，在签订国际货物买卖合同的过程中，对于商品包装，我们应该注意哪些问题？

2. 该商品的包装条款有何不妥之处？为什么？

3. 客户的远东分公司的代表曾经来厂看货，当场表示内包装印刷可由厂方自行解决。但是后来客户为什么又不同意，坚持要用自己印刷的包装盒？客户是否违约？为什么？

4. 我方承担了哪些损失？应该如何才能避免呢？

5. 我方的最大失误之处是什么？我们应该从该案例中吸取哪些经验和教训？

第四章 国际货物运输与保险

海洋运输是国际货物贸易中最主要的运输方式,包括班轮运输和租船运输两种方式。国际贸易合同中通常会注明装运条款,不同性质的合同和不同运输方式,其装运条款也不相同,一般包括装运期、装运港、目的港、是否允许分批装运与转运、装运通知以及装卸时间、装卸率和滞期费、速遣费等内容。

我国海运货物保险条款将保险分为基本险别和附加险别两大类。保险责任的起讫,主要采用"仓至仓"条款。此外,也可以选择伦敦保险协会海运货物保险。

案例一 承运人责任导致进口大豆霉变

一、案例介绍

2011年5月24日,金油公司(买方)与全能控股油脂贸易有限公司(卖方)签订编号为CAS10664号的货物买卖合同。货名为2011年产巴西散装大豆,数量为68000吨(±10%),价格CIF价是562美元/吨,运至中国张家港。付款方式为信用证,随附单证包括发票、正本提单、重量证书、质量证书和原产地证书等。

2011年6月1日,日出航运公司所属"ORSOLINA BOTTIGLIERI"轮

船长在巴西 VITORIA 港签发两套各三份已装船清洁指示提单（01 号和 02 号）。该两份提单载明，托运人分别为 BUNGE ALIMERTOS S. A. 和 LOUIS DREYFUS COMMODITIER BRZSIL S/A。质量分别为 49566.41 吨、16000 吨。通知方是金油公司，装运港为巴西 VITORIA 港，卸货港为中国张家港，运费已付，货物为 2011 年产巴西散装大豆，货物装载于 1-7 舱。

2011 年 6 月 4 日，太保营运中心（原告之二）签发被保险人为金油公司的海上货物运输保险单。该保险单载明：保险货物标记 CAS10664（本案买卖合同号），货物数量 65566.41 吨，货物项目为 2011 年产巴西散装大豆，保险金额 263030540 元，开航日期根据提单记载，承运人为日出航运公司，运输工具为"ORSOLINA BOTTIGLIERI"轮，运输路线为从巴西 VITORIA 港到中国张家港。保险险别为海上货物运输一切险。

2011 年 6 月 6 日，LINKMILLA 服务有限公司以独立检验人名义，为装船前货物出具质量证书。该证书载明，本案所涉大豆水分含量 12.7%，通知方为金油公司，托运人为 BUNGE ALIMERTOS S. A. 的货物数量为 49566.41 吨，托运人为 LOUIS DREYFUS COMMODITIER BRZSIL S/A 的货物数量为 16000 吨，总数量 65566.41 吨，装船日期 2011 年 6 月 1 日，货物装载于 1-7 舱。6 月 7 日，油脂贸易公司开具商业发票，船名为"ORSOLINA BOTTIGLIERI"轮，装运港为巴西 VITORIA 港，目的港为中国张家港，货名大豆，数量 65566.41 吨，散装，运至张家港 CIF562 美元/吨，总价 36848322.42 美元。金油公司通过贸易途径，合法持有本案所涉两套提单和相关贸易单证。

2011 年 7 月 13 日，"ORSOLINA BOTTIGLIERI"轮抵达浙江舟山港，为便于进入长江航道，对 2、4、6 号舱部分货物通过驳船进行减载。金油公司申请舟山出入境检验检疫局登轮进行检验，检验结论表明 4 舱内表层货物未见异常。7 月 16 日，该轮到达张家港，停靠金油公司码头开始卸货。金油公司发现货损，遂要求该轮船东或经营人提供担保。7 月 20 日，中国再保险（集团）股份有限公司为日升航运公司向金油公司及保险人提供了 130 万美元的保证担保，并确认该轮没有被光租。

2011 年 7 月 21 日，"ORSOLINA BOTTIGLIERI"轮卸货完毕。同年 7 月 18 日至 9 月 1 日，张家港检疫局根据金油公司的申请，派检验人员登上该轮进行残损鉴定，对 4 号舱内的货物进行了检验、拍照、取样，发现该舱内剩余货物存在红变、变色和发热现象，货物板结。舱口下四周内侧大豆有明显断层，红变和结块严重。鉴定人员在距前舱口围板 1 米处发现，货物结块严重，测得货物内部温度高达 39.5 度（当时舱内环境为 32.5 度）。在距前舱口围板 2 米处，测得货物内部温度高达 40.9 度。在距左前后舱口围栏 2 米处，断面呈褐色，内部温度分别高达 42.5 度和 41.4 度。上述货损状况，检验人员现场拍摄彩色照片 12 张。

2011 年 9 月 1 日，张家港检疫局根据大豆受损情况、样品检验结果及受损货物加工生产的检测结果和商销影响进行综合估损。检验结论是：Ⅰ类货物：严重发热、红变，货物结块，共计 200.52 吨，贬值 35%；Ⅱ类货物：大豆发热、变色，板结，共计 3982.954 吨，贬值 15%。根据涉案船舶装货事实记录，涉案船舶在装货期间的 2011 年 5 月 28 日 21：16—22：10 和 22：50—22：55 之间发生下雨，并多次发生设备故障。该报告认为上述货损于卸货前业已存在，注明残损检验费 76041 元。2011 年 7 月 17 日，太保营运中心的委托悦之公估公司对本案货损原因登轮进行检验。该公司检验后出具了检验报告，认定本案货损主要原因是，本案所涉"ORSOLINA BOTTIGLIERI"轮在装货港装货过程中因下雨导致第 4 舱内部分货物被淋湿，致使水分超标，从而在航行途中引起 4 舱中下部货物发生货损。该报告认定的贬值率与张家港检疫局认定的前述贬值率相同。

2012 年 8 月 17 日，太保营运中心向金油公司就本案货损赔付 2678288.94 元，并取得代位求偿权。

此外，2011 年 7 月 13 日，"ORSOLINA BOTTIGLIERI"轮停靠浙江舟山港减载时，金油公司就减载的货物向舟山海关申请进口报关，并交纳关税 1515818.73 元，增值税 6765604.26 元。2011 年 7 月 19 日，金油公司就该轮在江苏张家港卸下的货物向张家港海关申请进口报关，并交纳关税 5652734.4 元，增值税 25230037.87 元。为此，金油公司共交纳海关税收 39164195.26 元。金油公司交税时，舟山海关和张家港海关确认报关时美元与人民币的外汇牌价为 1:6.4796。金油公司进口的本案所涉货物全部加工自用成油料。2012 年 3 月 21 日，金油公司提起诉讼。

日升航运公司辩称：第一，涉案提单的背书没有金油公司的盖章，背书不符合规定，提单不能作为物权凭证；第二，两原告主张货损的原因是水分达到 12.7%，此系大豆本身的自然属性引起，不应给予赔偿；第三，根据已提供的"装港文件（复印件）、船舶运输文件（复印件）、船舶卸港文件（复印件）"等三套运输单据的记载，承运人对货物运输过程已经尽到责任，货损并不是由于承运人失误或疏忽造成；第四，货物运抵目的港后，金油公司没有依法履行减损义务，货物损失金额无法固定；第五，提供的两份检验报告推定的损失相同，且是商业报告，不能用来确定货物损失的依据，此外，由于货物到达目的港后并未销售，所以所谓的贬损率并不可取。因此，日升航运公司不应承担赔偿责任，请求驳回两原告的诉讼请求。

二、案例分析

本案为海上货物运输合同纠纷。日升航运公司所属船舶签发本案所涉提单，是承运人。金油公司合法持有正本提单，是收货人。金油公司与日升航运公司之间存在以提单为证明的海上货物运输合同关系。太保营运中心依保险单的约定，向被保险人金油公司赔付货物损失费用后，取得代位求偿权，依法有权向承运人日升航运公司进行追偿。

第一，船运公司签发的两份提单为指示提单，指示提单可记名背书，也可空白背书，金油公司作为收货人没有签字盖章正是空白背书的表现形式，并不因此影响其有效性和物权凭证的实质。

第二，如果本案货损是因大豆含水量高的自然属性所致，那么各船舱内损失分布应该比较均匀，不会仅发生在某个船舱的局部地区。本案所涉货物装载在承运船舶的7个舱位，发生损失的货物集中在第4个舱位的中下层，因此，所谓自然原因致损不符合常识。

第三，船舶的部分资料和装卸文件，不能免除其对签发清洁提单应承担的责任。根据《中华人民共和国海商法》（简称《海商法》）的规定，承运人有妥善、谨慎地装载、搬移、积载、运输、保管、照料和卸载所运货物的义务，并对签发清洁提单载明的货物状况和数量向合法提单持有人承担交付责任。两原告和日升航运公司均认可在装货过程中发生过下雨。日升航运公司并未提供有效证据证明及时采取了可靠的避雨措施，签发的仍是没有任何批注的清洁提单，也没有举出其他证据证明货损是其他可免责的原因造成，结合张家港检验局的残损检验报告和举证责任分配原则，本案货损可以确定发生在日升航运公司的责任期间，日升航运公司没有依法谨慎尽到装货或管货义务，应承担相应的赔偿责任。

第四，金油公司收到货物后，及时申请残损鉴定和加工处理，日升航运公司通过担保公司提供了担保，已知道发生货损的事实，两原告并未有不当行为导致损失扩大。

第五，根据《海商法》的规定，承运人对货物损坏的赔偿额，按照货物受损前后实际价值的差额或者货物的修复费用计算。这是法律对海上货物运输合同纠纷案件中承运人赔偿范围的明确规定。日升航运公司作为承运人，应按此规定承担货损赔偿责任。日升航运公司对此的主要抗辩理由是本案货物损失金额不确定。然而，根据张家港检疫局出具的残损检验报告已认定，本案所涉货物200.52吨贬值35%；3982.954吨贬值15%。货物单价为562美元/吨，报关当日美元与人民币外汇牌价为1∶6.4796。因此，本案所涉货物受损前后实际价值的差额折算成人民币应为2431180.30×［(200.52×35% + 3982.954×15%)×562×6.4796］元；其次，本案所涉大豆的贬值率已由国家法定检验机构，即张家港检疫局在船舱内及时进行现场鉴定，并做出残损鉴定结论，损失金额的形成及时而明确，并非必须进行销售处理才能认定损失。

第六，两原告主张的货损构成中还包括货损部分的额外关税和增值税损失398786.52元和鉴定费76041元，该两笔费用是国家法定行政规费，是金油公司进口货物必然产生的固有成本，不是受损货物前后的差额或修复费用。这两笔费用不属于《海商法》规定承运人应承担的赔偿责任范围。

基于不同的法律关系，海上货物运输中承运人应承担的货损赔偿范围并非一定要同保险人向被保险人支付的货损保险赔款金额完全一致。金油公司已得到的保险赔款2678288.94元超出日升航运公司作为承运人本应向其承担的2431180.30元，额外的诉讼请求法院应不予支持。日升航运公司仅就其法定赔偿责任范围内的货物损失及法定利息，向太保营运中心承担赔偿责任。

三、讨论与思考

1. "空白抬头、空白背书"的含义和法律效力是怎样的？
2. 我国海运保险基本险的除外责任有哪些？

案例二　海运货损分保与再保

一、案例介绍

2008年6月，T保扬州公司与江苏旭日国际集团机械进出口股份有限公司（以下简称"旭日公司"）签订保险协议书，合同主要内容有：（1）旭日公司就其出口船舶向T保扬州公司投保出口货运险（编号1#～16#，共16艘船舶），保险金额为229458216元，保险期限暂定为2008年11月15日至2009年3月20日，保险费为2179853元。（2）出口货物险在被保险船舶抵达上海码头吊装开始生效，直至到荷兰鹿特丹卸货后船交给船东结束。如未能立即交船，同时拓展60天的财产责任险（即出口货物险的仓至仓保险条款），出口货运险的过程包括被投保船在上海吊装码头等待，上海吊装码头移动、吊装结束远洋航行、抵达鹿特丹港后卸货、卸货码头移动、卸货后码头等待、卸货后前往交船地点（限于鹿特丹地区）直至交船。（3）上述船舶投保的险别为一切险、战争险、罢工险。（4）双方就保险协议进行充分协商，取得一致意见并经被保险人同意后双方签字盖章确认，本协议仅为双方对相关保险的约定，具体保险责任以保险单项下的条款为准，在正式签发保险单之前，T保扬州公司应将保险单格式提供给旭日公司予以确认；（5）旭日公司提供被保险船舶的有关材料并填写投保单交给T保扬州公司，T保扬州公司在收到投保单及相关资料后，出具保险单及保险费发票，旭日公司据此交纳保险费。（6）旭日公司应接受对外分保、共保的行为，并能积极配合和提供给T保扬州公司分、共保所需的相关资料。

上述保险协议签订以后，为分散T保扬州公司风险，其职员王某依据保险协议的约定，将上述16条船舶的货物运输险寻找其他保险公司承保，私下联系了欣盛公司（系华安江苏公司保险代理人）员工姜某。欣盛公司遂以华安江苏公司名义接受了其中6条船舶（1#～6#）的货物运输险协议，由其出具阴阳保单，"阴保单"（副本）交于华安江苏公司用于审核，保单记明被保险货物为钢管、橡胶等，保险金额为33793000元，保险费为 3 万元。"阳保单"即保险单正本记载了旭日公司 6 条船舶（1#～6#）的船名、保险金额等内容，6 条船舶的保险金额折合人民币总计为 83793000 元，每条船舶的免赔额为 2000 美元，保险费 14 万。但保险单正本和副本记载的被保险人均为旭日公司。该正本保险单交给了 T 保扬州公司王某。欣盛公司业务员姜某在收到 T 保扬州公司王某支付的保费后，从中截留 11 万元而仅向华安江苏公司转交 3 万元。另外 10 条船舶（7#～16#）的保险事宜联系了中联江苏公司，中联江苏公司同意承保。2008 年 10 月 20 日，中联江苏公司出具了涵盖 10 条船舶（7#～16#）的一份文本式货物运输保险单。保险单记载了被保险人为旭日公司，并记载了被保险船舶名称、保险金额等内容，保险金额折合人民币总计为 106642944 元，每条船舶的免赔额为 2000 美元。中联江苏公司将上述保险单交给了 T 保扬州公司王某。

T 保扬州公司王某拿到上述华安江苏公司、中联江苏公司的两份货运险保险单以后，于 2008 年 12 月 8 日依据其与旭日公司的保险协议签发了未经 T 保险公司核保系统审批的编号为 PYZ009/2008BR1005 的文本式货物运输保险单。保险单载明：被保险人为旭日公司，保险货物为出口荷兰的 16 条船舶，险别为货物运输保险一切险（仓至仓）附加战争险及罢工险，运输工具为"旭日 2 号"，保险期限为 2008 年 12 月 15 日至 2009 年 6 月 30 日，航行路线为上海至鹿特丹，总保险金额为 229458216 元，总保险费为 200 万元。承保公司和共保公司栏说明，由 T 保扬州公司牵头承保，同时由华安江苏公司参与分保，保险费由 T 保扬州公司负责结算。2008 年 12 月 15 日，T 保扬州公司签发了 16 份子保险单。子保险单正本记载的被保险货物和险种为 16 条船舶的货物运输险，保险金额与华安江苏公司、中联江苏公司出具的保险单完全一致，保险条件为按 1/1/1982 协会货物保险 A 条款承保一切险，包括 1/1/1982 协会战争险（含仓至仓条款）及罢工险，与华安江苏公司、中联江苏公司出具的保险单记载的保险条件亦完全一致。

T 保扬州公司王某将上述华安江苏公司、中联江苏公司的两份运输保险单自己保存，将 T 保扬州公司的上述文本式货物运输保险单和 16 份子保险单正本交付给了旭日公司。王某还从 T 保扬州公司开具了发票联、记账联、存根联不一致的保险费发票。旭日公司向 T 保扬州公司支付了涉案船舶保险的保险费 200 万元。2008 年 12 月，王某支付中联江苏公司实际收取保险费6万元,华安江苏公司实际收取保险费3万元。应王某要求,中联江苏公司出具委托函和收款证明,委托函载明委托T保扬州向旭日公司收取货运险保险费,收款证明载明收到货运险保险费30万元。华安江苏公司也出具了委托函和收款证明,收款函载明委托T保扬州向旭日公司收取货运险保险费,收款证明载明收到货运险保险费31万元。

上述16条船舶被绑扎在"旭日2号"上,于2009年2月20日从上海出发,驶往荷兰鹿特丹。2009年4月3日,由于发现绑扎件出现裂纹或断裂,船队改变航向,驶往毛里求斯路易斯港进行修理,产生修复费用48万美元(折合人民币3974400元)、检验费26000元,合计4000400元。2009年5月27日,船队继续驶往鹿特丹。2009年6月4日,由于再次出现绑扎件裂纹,船队又改变航向,驶往南非德班港进行修理,产生修复费用1354500元。2009年8月4日,船队抵达荷兰鹿特丹,经荷兰海顿检验公司调查评估,有12条船舶存在不同程度的损坏。受损船舶在荷兰鹿特丹进行了修理,并于2006年1月17日全部完成。其中,涉及华安江苏公司保险的船舶修理费共计3672890元;涉及中联江苏公司保险的船舶修理费共计6162100元。旭日公司为在鹿特丹的修理还支付检验费用798570元。

2011年2月9日,旭日公司提起诉讼,要求T保扬州公司赔偿16条船舶修理费用在内的损失19068057元及利息。2011年4月2日,T保扬州公司申请追加本案华安江苏公司、中联江苏公司为第三人。2012年4月20日,法院通知华安江苏公司、中联江苏公司退出了该案的诉讼。经法院调解,T保扬州公司支付旭日公司货运险保险金18100000元。2014年1月14日,T保扬州公司提起诉讼,要求华安江苏公司、中联江苏公司分担保险损失。

中联江苏公司称:(1)一审判决认定中联江苏公司、华安江苏公司与T保扬州公司之间的法律关系为共同保险,缺乏法律依据。根据《关于加强财产保险共保业务管理的通知》(保监发〔2006〕31号)第一款的规定,旭日公司并没有向中联江苏公司和华安江苏公司投保,相互没有签订共保协议和签发共保保单。根据《海商法》第二百二十一条规定,旭日公司未向中联江苏公司、华安江苏公司提出保险要求,不存在保险合同关系。根据合同相对性原则,T保扬州公司与旭日公司之间的保险合同关系不能约束华安江苏公司。旭日公司并没有与T保扬州公司和中联江苏公司、华安江苏公司达成共保协议,旭日公司在保险事故发生后未向中联江苏公司、华安江苏公司提出索赔请求,且未向中联江苏公司、华安江苏公司支付保费,也不知晓他们签发16份保单的情况。(2)T保扬州公司王某的行为已被认定为犯罪,其以欺诈手段与其他人进行恶意串通,并以中联江苏、华安江苏公司出具保单的合法形式掩盖侵占保费的行为,直接损害中联江苏公司、华安江苏公司的权益,故中联江苏公司、华安江苏公司出具的保单应为无效保单,不应承担保险赔偿责任,仅需要向T保扬州公司退还保费。(3)即便本案存在共同保险关系,各共同保险人应按各自实际收取的保险费比例承担赔偿责任,而不是按保单记载的保险金额比例承担赔偿责任。中联江苏、华安江苏公司出具的16份保单是根据王某要求填写,并不是其真实的意思表示,不能作为赔偿计算的依据。按照中联江苏、华安江苏公司实际收取的保费仅占全部保费的3%和1.5%,即便承担赔偿责任,也应按照上述比例计算的赔偿金额。(4)即便中联江苏、华安江苏公司承担赔偿责任,T保扬州公司起诉已过诉讼时效。根据《海商法》第二百六十七条规定,本案诉讼时效至保险事故发生之日起计算,且诉讼时效不发生中断。本案的诉讼时效从事故发生的2009年4月3日开始计算。在一审中,中联江苏、华安江苏公司被申请追加为第三人,一审法院后通知退出诉讼,则根据《海商法》第二百六十七条的规定,诉讼时效不中断,本案提起诉讼的时间是2014年1月14日,距离事故发生之日已过4年9个月,超过法律规定的2年诉讼时效。综上,请求撤销一审判决,改判驳回T保扬州公司的诉讼请求并由其承担全部诉讼费用。

对此,T保扬州公司辩称:

1. 由T保扬州公司签发,并交付给旭日公司的编号为PYZ049/2008BR1005的文本式货物运输保险单记载,"由T保扬州公司牵头承保,同时由华安江苏公司、中联江苏公司参与分保,保险费由T保扬州公司负责结算"。旭日公司接受保单后并没有就此项提出异议,表示T保扬州公司安排分保或再保,旭日公司是接受的,至于如何分保或再保是T保扬州公司自身的事,但该笔业务旭日公司只承认承保公司是T保扬州公司。一旦出险,旭日公司只会找T保扬州公司理赔,T保扬州公司再找其他公司理赔。在交付保险单时,T保扬州公司职员王某将华安江苏公司、中联江苏公司开具的保险单自己保存,将T保扬州公司开具的保险单交付给旭日公司。保险事故发生以后,旭日公司在调解书中明确,旭日公司在收到保险赔款后，配合 T 保扬州公司向相关责任方追偿（包括但不限于提供保险合同权益转让书以及涉案事故的各项资料，协助 T 保扬州公司向其他保险公司索赔），以上种种事实说明，旭日公司虽然在保险事故发生后，只向 T 保扬州公司索赔，但对 T 保扬州公司进行分保或共保的行为在事前、事中、事后是明知的，并且是不反对的。T 保扬州公司在与旭日公司签订保险协议以后，出具保险单以前，积极与华安江苏公司、中联江苏公司联系，将 16 条船舶的货运险交给华安江苏公司、中联江苏公司承保，其分散自己风险的意图明显。被保险人旭日公司和 T 保扬州公司的上述行为表意清楚，目的明确。

2. T 保扬州公司以旭日公司名义向华安江苏公司、中联江苏公司投保的效力问题和定性问题。旭日公司与 T 保扬州公司签订"保险协议书"以后，T 保扬州公司为分散风险，其职员王某依据保险协议的约定，将其中 6 条船舶的货运险交华安江苏公司承保，华安江苏公司签发了一份保险单，并收取了保险费。因此，华安江苏公司应依其签发的正本保险单的记载承担相应保险责任。华安江苏公司在签发上述正本保险单的同时，虽然还签发了内容并不一致的副本保险单，但副本保险单内容既未对外披露，也未交付给任何人，仅仅作为华安江苏公司自己留存使用。因此，该副本保险单既不能对外发生任何效力，也不能由此否定已交付的正本保险单的效力。中联江苏公司签发了一份货物运输保险单，并收取了保险费。上述保险单合法有效，中联江苏公司应依约承担相应的保险责任。

华安江苏公司、中联江苏公司签发并交付给王某的两份保险单，记载的被保险人均为旭日公司。王某将上述华安江苏公司、中联江苏公司的两份保险单自己保存后，以 T 保扬州公司名义签发了 1 份文本式货物运输保险单和 16 份 T 保扬州公司的子保险单。王某将该 17 份保险单交付给了旭日公司。T 保扬州公司签发的该 17 份保险单记载的被保险人亦为旭日公司。由此可知，T 保扬州公司和华安江苏公司、中联江苏公司在承保之时，对于被保险人是旭日公司均是明知的。尽管 T 保扬州公司职员王某在联系保险业务时，为分散风险，亦有寻找其他保险公司进行再保的目的，但当其收到华安江苏公司、中联江苏公司的记载被保险人为旭日公司的保险单时，既未提出异议，也未要求华安江苏公司、中联江苏公司将保险单上记载的被保险人修改成 T 保扬州公司，应当视为其已经接受了华安江苏公司、中联江苏公司的对所涉船舶进行共保的意思表示。并且，T 保扬州公司与华安江苏公司、中联江苏公司的这种共保的合意，没有损害旭日公司的保险利益，也没有违反法律、行政法规的效力性强制性规定。因此，T保扬州公司与华安江苏公司、中联江苏公司承保旭日公司涉案船舶的行为应定性为共同保险。

二、案例分析

旭日公司为出口船舶至荷兰鹿特丹，将其所属的"旭日2号"船舶及16条船舶向T保扬州公司投保，旭日公司与T保扬州公司签订的"保险协议书"，是双方真实意思的表示，合法有效，双方均应予以信守。根据该保险协议，T保扬州公司签发了货物运输保险单，该保险单虽未经太保核保系统审批，但进行核保系统审批系其公司内部流程管理，不能据此约束被保险人旭日公司。因此，T保扬州公司签发的该保险单有效，双方亦应予以信守。因此，被保险船舶在保险责任期间发生绑扎件断裂的修复损失，以及船舶本身损害的修复损失，上述损失均在保险单约定的一切险的保险责任范围之内。T保扬州公司在被诉至一审法院后，经调解，向被保险人旭日公司支付了涉案16条船舶的货运险保险金18100000元。T保扬州公司在与旭日公司签订保险协议以后，出具保险单以前，为分散自己的风险，将涉案的16条船舶以旭日公司名义分别向华安江苏公司、中联江苏公司投保货运险。

1. T保扬州公司与中联江苏公司、华安江苏公司法律关系的认定。

关于T保扬州公司与中联江苏公司、华安江苏公司是否构成共同保险法律关系。根据《中国保险监督管理委员会关于大型商业保险和统括保单业务有关问题的通知》（保监发〔2002〕16号）第三条规定，"共保是共同保险的简称，是指两个或两个以上的保险公司及其分支机构（不包括同一保险公司的不同分支机构）使用同一保险合同，对同一保险标的、同一保险责任、同一保险期限和同一保险金额进行的保险"。本案中，华安江苏公司、中联江苏公司均未参与2008年6月旭日公司与T保扬州公司间"保险协议书"的签订，即仅存在投保人旭日公司与保险人T保扬州公司达成的保险协议，不存在投保人与其他共同保险人达成的共保协议。其次，从保单交付的情况来看，华安江苏公司就6条船出具了货运保险单，中联江苏公司就10条船出具了货运保险单，但上述两份保单并没有交给投保人旭日公司，而是由T保扬州公司王某留存。再次，向投保人旭日公司另行交付编号 PYZ049/2008BR1005 的文本式货物运输险保单并未载明华安江苏公司、中联江苏公司是涉案船舶的共同保险人，也未附有共同保险协议。旭日公司在诉讼中也不认可中联江苏公司、华安江苏公司为共同保险人，故华安江苏公司、中联江苏公司与T保扬州公司不存在共同保险法律关系。

关于T保扬州公司与中联江苏公司之间是否具有再保险关系，对再保险法律关系，《中华人民共和国保险法》（以下简称《保险法》）第二十九条规定，"再保险是指保险人将其承担的保险业务，以分保形式，部分转移给其他保险人"。具体到本案中，T保扬州公司承保旭日公司船舶建造险和货物运输险，并就涉案10条船舶的货物运输险转移给中联江苏公司，符合上述关于再保险关系的法律规定。首先，中联江苏公司与旭日公司未成立保险合同关系，中联江苏公司出具货运险保单交付对象是T保扬州公司，并非保单载明的投保人旭日公司，且无证据表明旭日公司与中联江苏公司直接成立保险合同关系。其次，保费流转方面，根据《保险法》第三十条第一款规定，"再保险接受人不得向原保险的投保人要求支付保险费"，旭日公司向T保扬州公司支付保费后，T保扬州公司王某将保费支付给中联江苏公司，即中联江苏公司收取保费的过程符合《保险法》关于再保险合同关系中保费流转的规定。再次，保险金赔付方面，《保险法》第三十条第二款规定，"原保险的被保险人或者受益人，不得向再保险接受人提出赔偿或者给付保险金的请求"，旭日公司仅向T保扬州公司主张保险赔偿金而未向中联江苏公司主张保险赔偿金，该行为亦符合《保险法》中关于再保险合同关系中保险金赔付流程的规定。另一方面，旭日公司与T保扬州公司达成的"保险协议书"第六条约定，旭日公司接受对外分保、共保的行为并积极配合和提供分保、共保所需的资料。同时，T保扬州公司签发的文本式货物运输险保单明确载明，涉案货物运输由T保扬州公司牵头，华安江苏公司、中联江苏公司参与分保。因此，T保扬州公司与中联江苏公司构成再保险合同关系。

关于T保扬州公司与华安江苏公司之间是否具有再保险法律关系。姜某借欣盛公司代理华安江苏公司的保险业务便利，擅自以华安江苏公司的名义出具涉案的保单交付给王某，并出具"阴保单"交付华安江苏公司，逃避委托人华安江苏公司内部的审核，且在收到T保扬州公司王某支付的保费后，从中截留11万元而仅向华安江苏公司转交3万元；再考虑到T保扬州公司王某在承保涉案船舶的事宜中因侵占旭日公司支付的保费而构成职务侵占罪。可见，T保扬州公司为达到与华安江苏公司订立再保险合同的目的，以通过给付回扣的方式与华安江苏公司的代理人欣盛公司恶意串通，从而损害了华安江苏公司的合法权益，根据《中华人民共和国合同法》第五十二条第（二）项的规定，T保扬州公司与华安江苏公司之间的再保险合同属于无效合同。

2. T保扬州公司与华安江苏公司、中联江苏公司的保险损失如何分担。

中联江苏公司主张按照实际收取的保费3%比例来计算分摊保险赔偿金的上诉理由，不能成立。首先，商业保险法律关系的确立，是投保人与保险人根据意思自治原则，在平等互利、协商一致的基础上自愿订立保险合同。本案中，T保扬州公司按照保险费率0.9%的标准向旭日公司收取16条船舶保险费，而中联江苏公司按照保险费率0.07%的标准来收取其中10条船舶的保费，两者之间的费率区别明显。然而，T保扬州公司、中联江苏公司均属于自主经营的保险机构，对于保险费率的确定均有各自的核算依据和方法，即不同的保险公司所确定的保险费率存在差异。其次，虽然T保扬州公司与旭日公司就涉案船舶的货运险所达成的保险费率是0.95%，远高于再保险合同中T保扬州公司与中联江苏公司约定的0.07%，但中联江苏公司经过自身内部的审核后，对于0.07%的保险费率予以认可，收到保费后出具保单，故T保扬州公司所达成的再保险合同，是依照意思自治原则协商一致的结果。最后，从2008年10月20日签发保单至2009年2月涉案16条船舶从上海港起运，中联江苏公司未向T保扬州公司主张提高保费，或主张因保费过低，显失公平而对保险合同提出异议。在保险事故发生后，中联江苏公司提出按照实际收取的保费来赔偿保险金，违反《保险法》所倡导的诚实信用原则。

涉案船舶的损失共计15988460元，包括毛里求斯港口修复和检验费、南非德班港修复费用，共计5354900元。在荷兰鹿特丹港发生华安江苏公司承保5条船舶修复费用3672890元、中联江苏公司承保7条船舶修复费6162100元以及12条船舶检验费798570元。由于上述费用中的5354900元和798570元无法予以明确区分，因此，中联江苏公司应分别按照分保10条和6条船舶所占的比例予以分摊。因此，再保险合同关系中，中联江苏公司就其承保的保险船舶损失金额认定为：5354900×10/16+6162100+798570×7/12=9974745。

综上，T保扬州公司与中联江苏公司就涉案的10条船舶成立再保险合同关系，T保扬州公司将上述船舶的货运风险以再保险方式全部转移至中联江苏公司，中联江苏公司按照0.07%收取再保险的保费，不影响其对外承担的赔偿责任。虽然华安江苏公司与T保扬州公司之间的再保险合同无效，但据《中华人民共和国合同法》第五十八条规定，"合同无效或者被撤销后，因该合同取得的财产，应当予以返还；不能返还或者没有必要返还的，应当折价补偿。有过错的一方应当赔偿对方因此所受到的损失，双方都有过错的，应当各自承担相应的责任"，华安江苏公司在接受再保险要约以及审核"阴保单"时存在过失，且考虑到华安江苏公司实际收取保费并对外出具加盖公司印章的保单，根据权利和责任对等的基本法理，华安江苏公司就涉案6条船舶的再保险，承担相应的责任，即涉案全部船舶损失金额15988460元，扣除中联江苏公司应承担9974745元，剩余的损失6013715元由T保扬州公司和华安江苏公司按照实际收取保费来予以分摊。

3. 关于T保江苏公司、T保扬州公司要求分担保险损失是否超过诉讼时效的问题。

《海商法》规定，"根据海上保险合同向保险人要求保险赔偿的请求权，时效期间为二年，自保险事故发生之日起计算"。根据一审法院查明的事实，涉案船队于2009年4月3日发现绑扎件出现裂纹或断裂，驶往毛里求斯路易斯港进行修理。2009年6月4日，船队再次出现绑扎件裂纹，又改变航向驶往南非德班港进行修理。2009年8月抵达鹿特丹后，经调查评估，有12条船舶存在不同程度的损坏并对损坏船舶进行了修复。因此，涉案海上货物运输保险合同中，T保扬州公司向华安江苏公司、中联江苏公司要求保险分担的诉讼时效，最早只能从2009年4月3日起算。一审法院在审理旭日公司诉T保扬州公司案件中，T保扬州公司于2011年4月2日向一审法院申请追加华安江苏公司、中联江苏公司作为无独立请求权第三人参加诉讼。因此，截至2011年4月2日T保扬州公司提出申请时，没有超过法律规定的两年诉讼时效期间，并构成诉讼时效中断。2012年4月20日，一审法院通知华安江苏公司、中联江苏公司退出该案诉讼，本案诉讼时效应从此日重新起计。2014年1月14日，T保扬州公司向一审法院提起诉讼，要求华安江苏公司、中联江苏公司分担保险损失，亦没有超过两年的诉讼时效期间。因此，华安江苏公司、中联江苏公司以T保扬州公司超过诉讼时效为由，要求驳回T保扬州公司诉讼请求的主张无事实依据。

综上，中联江苏公司、华安江苏公司关于其与T保扬州公司不存在共同保险法律关系；T保扬州公司与中联江苏公司再保险合同关系成立；T保扬州公司与华安江苏公司之间的再保险合同属于无效合同。中联江苏公司按照其所承保金额分摊保险损失，华安江苏公司按其收取保费比例分摊保险损失。

三、讨论与思考

1. 再保险与共同保险的区别是什么？赔偿方法有何不同？
2. 我国海商法对海运保险索赔时效有何规定？基于这些规定，被保险人在索赔时应注意什么问题？

案例三　海运全损的认定及一切险的赔偿

一、案例介绍

2008年2月，江苏建兴达建设股份有限公司（以下简称"建兴达公司"）与中地海外建设安哥拉有限责任公司（以下简称"中地海外公司"）签订"安哥拉纳米贝渔业学院分包合同"，分包建设安哥拉渔业学院房屋工程项目。2009年1月12日，建兴达公司（卖方）与江苏曙光运输有限公司（以下简称"曙光运输公司"）签订"租船合同"，约定由曙光运输公司承运建兴达公司5100吨包装水泥（允许正负5％溢短装），转运港为山东省日照港，卸货港为安哥拉纳米贝港，运费价格为98美元/吨，水泥受载期为1月18日至23日，船东保证船舶45±5天内到达卸货港锚地。承运船舶为"航海者V"轮。装船次日，"航海者V"轮船长签发了以建兴达公司为托运人、中地海外公司为收货人的记名提单一式三份。建兴达公司实际支付给曙光运输公司海运费 3351208 元。

建兴达公司就承运货物向 M 保险公司江苏分公司（以下简称"M 保江苏分公司"）投保，2009 年 1 月 22 日，出具货物运输保险单。保单载明被保险人为建兴达公司，保险标的为 5000 吨水泥，保险金额为 866580 美元，险种为 1981 年 1 月 1 日修订《海洋运输货物保险条款》一切险，免赔率为 15%，保险期间为中国日照港至安哥拉纳米贝港，运输工具为"航海者 V"轮，保险费 17777.02 元。

承运船舶"航海者 V"轮起航后频繁发生机械故障，行至印度尼西亚时靠岸，于 6 月 7 日卸下全部货物，船舶进行维修。由于船员认为后续航程风险巨大，不愿意完成航行任务，承运船舶滞留在印度尼西亚 MERAK 港，2009 年 7 月 7 日，船东宣布终止航行。在此期间建兴达公司通过电子邮件方式积极要求承运人履行运输义务，拿出转船运输等切实解决方案，同时也与 M 保江苏分公司互相沟通事件进展情况。M 保江苏分公司委托上海悦之保险公估有限公司于 2009 年 9 月 6 日至 12 日赴印度尼西亚 MERAK 港对承运船舶和船载货物进行了检验，查明：（1）涉案的"航海者 V"轮中途放弃了本次运输，原因是船东没有完成航行任务的意愿、船员惧怕后续航行以及船员工资待遇不佳等。（2）建兴达公司所有的货物在 6 月 7 日在 MERAK 港已被卸下，水泥未发生货损。（3）2009 年 8 月 27 日，建兴达公司的货物被重新装运至"PREMONI"轮，并重新签发了已装船清洁提单，提单托运人为该船舶所有人 GLORY OCEAN ENTERPTIZE S.A。建兴达公司于 2009 年 7 月 16 日向被告 M 保江苏分公司索赔，并于 2009 年 9 月 8 日向 M 保江苏分公司递交"要求理赔函"并附索赔文件，M 保江苏分公司拒绝赔付。

被告 M 保江苏分公司辩称：

1. 建兴达公司提出索赔时没有持有一式三份正本提单，而提单是海运物权凭证，建兴达无法提供正本提单即不能证明其对货物具有所有权，对货物不具有可保利益。

2. 被保险货物在海运途中并未发生保单承保的海上事故，经保险公估公司鉴定，保险标的一直品质完好，并没有发生损失，因此，建兴达公司无权提出索赔。

3. 被保险货物在海上运输过程中并没有发生损失，托运人所谓的货损发生在卸货港码头，不属于达建公司购买的一切险赔偿范围。

4. 被保险货物于 6 月 7 日已在中途港被卸离承运货轮，在卸离海轮满 60 天后，被告 M 保江苏分公司的保险责任自动终止。

5. 运输合同中明确规定有 15% 免赔率，应在保险赔偿金额中扣除。

二、案例分析

1. 保险利益是指投保人或者被保险人对保险标的具有的法律上承认的利益。涉案水泥是由建兴达公司采购并发往目的港自用，记名提单载明的托运人和保险单载明的被保险人均为建兴达公司，虽然建兴达公司已将全套单据交由银行议付，但这并不改变建兴达公司对涉案水泥具有保险利益的事实。

2. 原承运人终止航行后，对滞留在印度尼西亚 MERAK 港的水泥重新签发提单，新签发提单托运人为 GLORY OCEAN ENTERPTIZE S.A（船东），原告建兴达公司丧失了对货物的控制和所有权，货物已构成实际全损。

3. 建兴达公司投保的险种是 1981 年 1 月 1 日修订《海洋运输货物保险条款》一切险，依照该条款的规定，一切险"除包括上列平安险和水渍险的各项责任外，本保险还负责被保险货物在运输途中由于外来原因所致的全部或部分损失"。一切险的承保风险应当为非列明风险。案例中保险标的的实际全损是由原承运人的违约行为和重新签发新提单所致，属于在运输途中由于外来原因所致的损失，在一切险承保的风险范围之内。

4. 首先，根据《海洋运输货物保险条款》第三条第（二）项的规定，"由于被保险人无法控制的运输延迟、绕道、被迫卸货、重行装载、转载或承运人运用运输契约赋予的权限所做的任何航海上的变更或终止运输契约，致使被保险货物运到非保险单所载明目的地时，在被保险人及时将获知的情况通知保险人，并在必要时加缴保险费的情况下，本保险仍然继续有效，保险责任按下列规定终止：（1）被保险货物如在非保险单所载明的目的地出售，保险责任至交货时为止，但不论任何情况，均以被保险货物在卸载港全部卸离海轮后满六十天为止"。但是，该条款系免除保险人责任条款，保险人如不能证明其在签订保险合同之前或之时，将上述免责条款的概念内容及其法律后果，以书面的形式或者口头形式向被保险人或其代理人做出解释，以使被保险人明了该条款的真实含义和法律后果，上述免责条款无效。其次，上述条款中规定的保险责任免除的条件，是货物在非保单列明的目的地出售或卸离海轮后满 60 日，其前提是货物由被保险人出售或控制，而案例则是货物已经实际全损，与本条规定的中止条件并不一致。最后，上述条款是指保险人在被保险货物全部卸离海轮后 60 日以内所发生的保险事故承担保险赔偿责任，并不等同于只要保险货物在卸载港全部卸离海轮后满 60 日，保险人就免除赔偿责任。因此，认定保险事故发生在保险责任期间内，M 保江苏分公司作为保险人不能免除赔偿责任。

综上所述，M 保江苏分公司应按照保险单的约定，对建兴达公司遭受海上保险事故所造成的货物损失负责赔偿，并支付逾期支付保险金的利息。

三、讨论与思考

1. 海运提单的性质和作用是什么？
2. 我国海运保险对实际全损的认定标准有哪些？

第一编　国际货物贸易

第五章　国际货款的收付与结算

章前导读

国际货款的收付是国际货物买卖中的重要环节，是合同中又一核心条款。其内容由支付工具和支付方式构成。

支付工具主要有汇票、本票和支票。支付方式由三种传统的支付方式和三种新型的支付方式构成，分别为汇付、托收和信用证，银行保函、国际保理和福费廷。虽然涌现出银行保函、国际保理和福费廷这三种新型的支付方式，汇付、托收和信用证这三种传统的支付方式在国际贸易中还是用得最多的，并运用一定的支付工具如货币或金融票据来实现。因此，在案例分析部分着重阐述使用托收和信用证时所遇到的风险及如何避免这些风险。

案例

案例一　承兑交单支付方式

一、案例介绍

2012年4月12日，我国A公司与印度尼西亚B公司签订一笔4万美元的出口合同，B公司要求以即期付款交单（Documents against Payment at Sight，简称D/P at Sight）为付款方式。在货物装船起运后，B公司又要求国内出口商将提单上的托运人和收货人均注明为B公司，并将海运提单副本寄给B公司。货到目的港后，B公司便以暂时货款不够等原因不付款赎单，要求出口商将付款方式改为 D/A，并允许自己先提取货物，否则就拒收货物。由于提单的收货人已记名为 B 公司，国内出口商无法将货物再转卖给其他客户，只能答应其要求。然后 B 公司以货物是自己的为由，以保函和营业执照复印件为依据向船公司凭副本海运提单办理提货手续。货物被提走转卖后，B 公司不但不按期向银行付款，而且失去联系，使 A 公司货、款两空。

二、案例分析

在本案例中，B 公司使用了一个连环套：D/P 见票即付—记名提单—D/A。该外商非常精通国际贸易中的各种规定和习惯做法，并有着丰富的实践经验，利用 A 公司对海运提单及托收付款方式不甚了解的弱点，引诱 A 公司进入其预先编织好的圈套，使 A 公司失去了对货物的控制权，从而达到其非法占有 A 公司货物的目的。

海运提单简称提单，是指由船长或船公司或其代理人签发的，证明已收到特定货物，允诺将货物运至特定的目的地，并交付给收货人的凭证。海运提单也是收货人在目的港据以向船公司或其代理提取货物的凭证。提单具有三种性质与作用：是承运人或其代理人签发的货物收据，它证明已按提单所列内容收到货物；是一种货物所有权的凭证，提单代表着提单上所记载的货物，提单持有人可以凭提单请求承运人交付货物；是承运人与托运人间订立的运输契约的证明。

提单可按不同用途或作用分类。根据提单是否可以流通可分为"记名提单"和"指示提单"。记名提单是指提单上的抬头人（即收货人）栏内填明特定的收货人名称，只能由该特定收货人提货，不能用背书的方式转让给第三者，因此，记名提单不能流通。国际上只有对价值很高的货物或特殊用途的货物才采用"记名提单"。因此，为了保护自己，出口商应避免在 D/P 付款条件下出具记名提单。

在本案中，印度尼西亚 B 公司要求托运人和收货人均注明为 B 公司，这就使得该提单只能由该 B 公司提货，不能用背书的方式转让给第三者，不能流通。该批货物即使有别的客户要也提不了货。而把托运人也写成 B 公司，则连要求船公司把货物退运给 A 公司都不能了。只有提单上的托运人才是与承运船公司达成运输契约的契约方，船公司依合同向托运人负责,并按托运人的指示将货物交给收货人或正本提单的持有人,同时提单只有在托运人背书后才发生物权的转移,因此,提单上的托运人应为国内出口商或其贸易代理,而不能是任何第三方,更不能是货物的进口商。一旦货物的进口商成为海运提单的托运人,即意味着货物所有权的转移,同时出口商也失去了要求进口商必须付款的制约。本案中,A公司徒有正本提单也已丧失了对货物的控制权。

D/P见票即付和D/A付款方式,都是托收方式的具体做法。托收是出口人(债权人)将开具的汇票(随附或不随附货运单据)交给所在地银行,委托该行通过它在进口人(债务人)所在的分行或代收银行向进口人收取货款。国际商会制定的《托收统一规则》第二条对托收作了如下定义:托收是指由接到托收指示的银行根据所收到的指示处理金融单据和/或商业单据以便取得付款或承兑,或凭付款或承兑交出商业单据,或凭其他条款或条件交出单据。托收分为付款交单(D/P)与承兑交单(D/A)两种方式,它们都属于商业信用。按付款时间的不同,付款交单(D/P)又可分为即期付款交单和远期付款交单。即期付款交单是指出口人发货后开具即期汇票连同商业单据,通过银行向进口人提示,进口人见票后立即付款,在付清货款后向银行领取商业单据。本案中,A公司以为持有正本提单,B公司会见票后立即付款,收汇有一定保证,没想到提单的托运人与收货人均为B公司,已受制于对方,只得接受D/A付款方式。

承兑交单(Documents against Acceptance,简称D/A)是指出口人的交单以进口人在汇票上承兑为条件。即出口人在装运货物后开具远期汇票,连同商业单据,通过银行向进口人提示,进口人承兑汇票后,代收银行即将商业单据交给进口人,在汇票到期时,方履行付款义务。由于承兑交单是进口人只要在汇票上办理承兑之后,即可取得商业单据,凭以提取货物,所以,承兑交单方式只适用于远期汇票的托收。承兑交单是出口人先交出商业单据,其收款的保障依赖进口人的信用,一旦进口人到期不付款,出口人便会遭到货物与货款全部落空的损失。承兑交单比付款交单的风险更大。因此,出口人对这种方式,一般采用很慎重的态度。

托收的性质为商业信用。银行办理托收业务时,只是按委托人的指示办事,并不承担对付款人必然付款的义务。在本案中,B公司在汇票到期后不向银行付款,银行不承担责任,而A公司对B公司的信誉又没把握好,风险只能由A公司自行承担。

为了加强对外竞争能力和扩大出口，在出口业务中，针对不同商品、不同贸易对象和不同国家与地区的贸易习惯做法，适当采用托收方式是必要的，也是有利的。为了有效利用托收方式，必须注意下列事项：

1. 调查和考虑进口人的资信情况和经营作风，成交金额应妥善掌握，不宜超过其信用程度。

2. 了解进口国家的有关政策法令、贸易管制、外汇管制条例，以免货到目的地后，由于不准进口或收不到外汇而造成损失。

3. 了解进口国家的商业惯例，以免由于当地习惯做法影响安全迅速收汇。

4. 出口合同应争取按 CIF 或 CIP 条件成交，由出口人办理货运保险，或投保出口信用险。在不采取 CIF 或 CIP 条件时，应投保卖方利益险。

5. 要严格按照合同规定办理出口，制作单据，以免授人以柄，拖延付款或拒绝付款。

6. 对托收方式的交易，要建立健全管理制度，定期检查，及时催收清理，发现问题应迅速采取措施，以避免或减少可能发生的损失。

目前，国内许多新取得外贸经营权的公司由于受企业规模小、资金不足、市场竞争激烈以及业务人员没有受过国际贸易业务培训，缺乏经验等等条件制约，在对外签订合同时普遍去迎合外商的要求，疏忽了对相关环节的警惕和防范，使不法商人钻了空子。为此，我们还应加强自身的风险防范意识，学习国际贸易理论与实务知识，关注《国际商报》刊登的国际贸易新知识和有关案例，同时还应拿起法律的武器来保护自己的权益。

三、讨论与思考

1. 什么是承兑交单？
2. 请用示意图来讲述这个案例。
3. 卖方 A 公司应该从此案例中吸取什么教训？

案例二　D/P 远期支付方式

一、案例介绍

2012 年 4 月，我国甲公司与英国乙公司签订出口合同，支付方式为 D/P120 Days after Sight。中国丙银行将单据寄出后，直到 2012 年 9 月尚未收到款项，遂应甲公司要求指示英国丁代收行退单，但待丁代收行回电才得知单据已凭进口商乙公司承兑放单，虽经多方努力，但进口商乙公司以种种理由不付款，进出口商之间交涉无果。后中国丙银行一再强调是英国丁代收行错误放单造成出口商钱货损失，要求丁代收行付款，丁代收行对中国丙银行的催收拒不答复。11 月 20 日，丁代收行告知中国丙银行进口商已宣布破产，并随附法院破产通知书，致使出口商钱货两空。

二、案例分析

D/P 远期（Documents against Payment after Sight，简称 D/P after Sight）指进口商在汇票到期时付清货款后取得单据。D/P 远期托收是目前我国出口业务中较常见的结算方式，是托收业务中 D/P（付款交单）的一种。D/P 远期在具体办理时主要有三种形式：①见票后××天付款；②装运后××天付款；③出票后××天付款。一般做法是当托收单据到达代收行柜台后，代收行向进口商提示单据，进口商承兑汇票后，单据仍由代收行保存，直至到期日代收行才凭进口商付款释放单据，进口商凭以提货。采用这种方式一般基于货物在航程中要耽误一定时间，在单据到达代收行时可能货物尚未到港，且出口商对进口商资信不甚了解，不愿其凭承兑便获得单据。做 D/P 远期实际上是出口商已经打算给予进口商资金融通，让进口商在付款前取得单据，实现提货及销售的行为。这是给进口商的一种优惠，使其不必见单即付款，如进口商信誉好的话，还可凭信托收据等形式从代收行获得融资，而且出口商也可由此避免风险，在进口商不付款的情况下，可以凭代收行保存的货权单据运回货物或就地转售，相对承兑交单项下的托收，出口商的货款安全保证要大一些。

但使用这种方式也可能造成不便，如货已到而进口商因汇票未到期拿不到单据凭以提货，导致进口商无法及时销货，容易贻误商机，甚至造成损失，所以往往要求代收行给予融通：（1）进口商向代收行出具信托收据预借单据，取得货权。（2）代收行与进口商关系密切，在进口商做出某种承诺后从代收行取得单据。

进口商向代收行出具信托收据预借单据又分为两种情形：

第一是出口商主动授信代收行可凭进口商的信托收据放单，这是出口商对进口商的授信，一切风险和责任均由出口商承担，进口商能否如期付款，代收行不负任何责任。这种情形就相当于做 D/A（其实从票据法的角度来看，它还不如 D/A 好）。

第二是进口商在征得代收行同意的情况下，出具信托收据，甚至可提供抵押品或其他担保，向代收行借出全套单据，待汇票到期时由进口商向代收行付清货款再赎回信托收据。因为这是代收行凭进口商的信用，抵押品或担保借出单据，是代收行对进口商的授信，不论进口商能否在汇票到期时付款，代收行都必须对出口商承担到期付款的责任和义务。

这样就给代收行带来风险，一旦进口商不付款代收行必须垫付，所以国际商会《托收统一规则》（URC522）不鼓励 D/P 远期托收这种做法。《托收统一规则》第 7 条规定：托收不应含有远期汇票而同时规定商业单据要在付款后才交付。如果托收含有远期付款的汇票，托收指示书应注明商业单据是凭承兑交单（D/A）还是凭付款交单（D/P）交付款人。如果无此项注明，商业单据仅能凭付款交付，代收行对因迟交单据产生的任何后果不负责任。

此外，D/P 远期托收业务还有其他风险，如有些国家不承认远期付款交单，一直将 D/P 远期作 D/A 处理，两者在这些国家法律上的解释是一样的，操作也相同，而根据《托收统一规则》精神，若托收业务与一国、一州或地方所不得违反的法律及/或法规有抵触，则《托收统一规则》对有关当事人不具约束力，而此时若出口商自认货权在握，不做相应风险防范，而进口商信誉欠佳，则极易造成钱货两空的被动局面。

如果选择做 D/P 远期，那么，作为出口商应该把握以下几点：

1. 做 D/P 远期，要有风险意识，在选择客户尤其是做大额交易时，一定要先考虑客户的资信，D/P 方式是建立在进口商信用基础上的，总的来说，这种方式对出口商不利，风险较大并且随时都存在，不宜多用。

2. 在合同洽谈时应尽可能确定代收行，尽可能选择那些历史较悠久、熟知国际惯例，同时又信誉卓著的银行作为代收行，以避免银行操作失误、信誉欠佳造成的风险。

3. 在提交托收申请书时，应尽可能仔细填制委托事项，不要似是而非，要根据进口商的资信情况和能力来确定是否接受信托收据的方式放货。

4. 办理 D/P 远期托收业务时尽量不要使远期天数与航程时间间隔较长，造成进口商不能及时提货，一旦货物行情发生变化，易造成进口商拒不提货，则至少会造成出口商运回货物的费用或其他再处理货物的费用。

5. 为避免货物运回的运费或再处理货物的损失，可让进口商将相关款项作为预付定金付出，如有可能，预付款项中可以包括出口商的利润。

6. 在托收业务中最好选择 CIF 价格条款，以防货物在运输过程中货物损坏或灭失导致进口商拒付同时索赔无着的风险。

7. 货物发运后，要密切关注货物下落，以便风险发生后及时应对，掌握主动权，尽快采取措施补救。

8. 要注意 D/P 远期在一些南美国家被视为 D/A，最好事先打听清楚，做到知己知彼。

三、讨论与思考

1. 什么叫远期付款交单？其与承兑交单的区别何在？
2. 请用示意图来讲述这个案例。
3. 卖方甲公司应该从此案例中吸取什么教训？

案例三 信用证的到期日与交单期

一、案例介绍

2011 年 5 月 10 日，我国 A 公司与法国 B 公司签订了一份出口农产品合同，数量为 1000 吨，每吨 USD70CIF 鹿特丹，合同规定采用信用证方式付款。法国 B 公司通过开证行按时开来信用证，该证规定：总金额不得超过 USD70000，信用证有效期为 7 月 31 日，未规定交单期。信用证内注明按《跟单信用证统一惯例》（UCP600）办理。我国 A 公司于 7 月 4 日将货物装船完毕，取得提单，签发日期为 7 月 4 日。7 月 26 日我国 A 公司向银行交单议付，银行以过交单期为由拒付。

二、案例分析

国际商会《跟单信用证统一惯例》（UCP600）第 42 条规定，"a. 所有信用证须规定一个到期日及一个付款、承兑交单地。议付信用证尚须规定一个议付交单地，但自由议付信用证除外。所规定的付款、承兑或议付的到期日，将视为提交单据的到期日。b. 除第 44 条（a）款规定外，必须于到期日或到期日之前交单。c. 如开证行注明信用证的有效期限为'1 个月''6 个月'或类似规定，但未指明自何日起算者，开证行开证日期即视为起算日。银行应避免用此种方式注明信用证的到期日"。信用证的到期日是银行承兑付款、承兑及议付货款责任的最迟的期限，也是约束信用证的受益人交单议付的期限。信用证未规定到期日是无效的，不能使用；信用证的受益人若晚于信用证规定的到期日提交单据的，银行有权拒付。

《跟单信用证统一惯例》（UCP600）第 43 条"对到期日的限制"规定，"a. 凡要求提交运输单据的信用证，除规定一个交单到期日外，尚须规定一个在装运日后按信用证条款规定必须交单的特定期限。如未规定该期限，银行将不予接受迟于装运日期后 21 天提交的单据。无论如何，交单不得迟于信用证的到期日"。信用证的交单期是针对要求提交运输单据的信用证而言的。

因此，受益人的交单要受信用证的到期日与交单期这两个日期的约束。信用证对交单期的规定是为了约束受益人，促使其在出运后及时交单以保障开证申请人的利益。如果受益人出运后不及时交单，会影响开证申请人及时提货转售，贻误商业时机。

在本案中，信用证的到期日是 7 月 31 日，但因该信用证要求提交运输单据——提单，且为规定装运日后必须交单的特定期限，所以，我国 A

公司应在装运日期后 21 天以内向银行提交单据，即我国 A 公司交单议付的最迟期限不得晚于 7 月 25 日。我国 A 公司实际到 7 月 26 日才交单，违反了装运日期后 21 天提交单据的规定，银行有权拒付。

另外，根据《跟单信用证统一惯例》（UCP600）的第 44 条规定，"如信用证的到期日及/或按本惯例第 43 条规定所适用的交单的期限最后一天，适逢接受单据银行因第 17 条规定以外的原因而停止营业，则规定的到期日及/或装运日后一定期限内必须交单的最后一天，将顺延至该银行恢复营业后的第一个营业日"。但是，根据第 17 条规定，若该银行因为天灾、暴动、骚乱、叛乱、战争、罢工、停工或银行本身无法控制的任何其他原因中断营业，则信用证规定的到期日或交单期的最后一天不能顺延。

三、讨论与思考

1. 如何确定信用证的议付有效日期？
2. 请用示意图来讲述这个案例。
3. 卖方 A 公司应该从此案例中吸取什么教训？

案例四　信用证严格相符原则

一、案例介绍

我国甲公司授权下属独立法人乙公司，办理进出口结算和开立信用证业务。2011 年 12 月 11 日，乙公司以甲公司的名义向中国农业银行某省分行申请开立信用证。2012 年 1 月 15 日，农行某省分行开出了一份不可撤销信用证，其申请人为甲公司，受益人为香港丙有限公司，通知行为香港某商业银行，金额为 302280 美元。该信用证单据条款第 2 条约定，"由申请人发出的货物收据上申请人的签字必须与开证银行持有的签字式样相符"。甲公司预留在农行某省分行的信用证项下货物收据签字样本为：在同一张样本上盖有两个甲公司公章，其中一个章附有"WB"的签名，另一个章附有"YF"的签字。2012 年 1 月 31 日，甲公司证实收到信用证项下货物,并由乙公司的 YF 在货物收据上签名。丙公司将信用证项下的单据交给农行某省分行,请求付款。农行某省分行审单后,发现丙公司提交的货物收据只有甲公司公章和 YF 一人签字,遂于 2001 年 2 月 26 日以"货物收据上之签署有异于开证银行所持之签署式样"予以拒付,并通知了乙公司。受益人丙公司认为单证相符,开证行不当拒付,遂向某省高级人民法院起诉开证行农行某省分行,要求其兑付信用证。

法院审理结果如下:

一审:某省高级人民法院。

经审理认为:农行某省分行开出的信用证,被丙公司接受后,即发生法律效力,对信用证各方当事人均有约束力。丙公司提交的单据存在着货物收据上的签字与开证银行持有式样不同的不符点,违背了单单相符、单证相符的原则,根据《跟单信用证统一惯例》(UCP600)的规定,农行某省分行予以拒付是正当的。

上诉双方意见:

受益人不服一审判决,上诉到最高人民法院。上诉人认为:(1)在签字样本通知书上两个授权章与其样本上的各自署名实际是两个独立签字样本,只要货物收据上盖有一个与样本通知书上相同的授权签字章,同时在授权签名处有一个授权人签名,则应认定其与开证行持有的签名样本一致。(2)受益人提交的信用证项下的货物收据上,盖有一个与样本通知书上相同的签字章,同时在该章的授权签名处,有被独立授权人之一的"YF"的签名。应认定其与开证行持有的签名样本完全一致。

开证行则认为:开证申请人在开证行留存的一个签字样本上有"YF"和"WB"两人的签名,两个人的签名是一个不可分割的整体,丙公司提供的货物收据上的签名仅有"YF"一人,属于不符点。此外,开证行根据《跟单信用证统一惯例》规定,在开证申请人不同意接受不符点的情况下,拒绝兑付是正确的。受益人只能要求购销合同的当事人支付货款。

二审:最高人民法院。

经审理认为:农行某省分行接受甲公司的委托,开出了受益人为丙公司的信用证,丙公司接受了信用证,上述行为是各方当事人真实意思表示,不违反法律规定,应为有效,因此而产生的法律文件对各方当事人均具有约束力。该信用证单据条款中约定有"由申请人发出的货物收据申请人的签字必须与开证银行持有的签字式样相符"等内容,开证申请人留存给开证行农行某省分行的货物收据签字样本通知书上盖有两个甲公司公章，在每个公章的授权签名处分别签有"YF"和"WB"的签名。丙公司作为信用证受益人提供给开证行农行某省分行的货物收据上的仅盖有一个甲公司公章并仅有"YF"一人的签名。该单据在表面上与信用证条款规定的开证申请人在开证行留存的签字样本明显不符。

根据信用证交易的特点及国际商会《跟单信用证统一惯例》的规定，银行只要发现单据表面上不符，则可以拒绝接受。丙公司所称留存在银行的签字样本通知书上两个授权章与其上的各自署名是两个独立的签名样本，其提交了其中一个与样本通知书上相同的授权签字章和授权人的签名，即应认定与开证行持有的签字样本一致的上诉理由于法无据，本院不予支持。判决如下：驳回上诉，维持原判。

二、案例分析

（一）严格相符原则在信用证纠纷案件中的适用

国际商会制定的《跟单信用证统一惯例》第13条规定，银行在审查单据时的标准是：单据必须在表面上和信用证规定的条款相符，并且单据之间也必须一致。

本案发生争议的信用证，银行留存的货物收据签字样本中有两个实际开证申请人A公司的公章，两个货物收据签发人的签名，一个是"YF"，另一个是"WB"。而受益人提交货物收据中却只有"YF"一个人的签字。受益人主张，货物收据签字样本中受益人的货物收据是各自独立的签字样本，只要符合其中一个即可。开证行却根据严格相符原则，认为两个公章和两个签字必须同时相符。二审法院都支持了开证行的主张，认定单据和信用证规定的银行留存样本表面上存在"明显不符"。最高法院严格尊重信用证项下各方当事人的约定，即使信用证的条款对受益人极端不利。

（二）信用证"软条款"导致受益人受损与败诉

本案争议中关键问题，涉及的开证行留存的货物收据签字样本的条款，是贸易与银行界所称的软条款。信用证中的软条款是指主动权掌握在开证申请人手中；受益人无法控制的条款，或意思含糊不清、模棱两可的条款。因难以满足这种条款，往往会给受益人安全收汇造成相当大的困难和风险。因为该条款所规定的单据将不受受益人控制，相反，该条款将由开证申请人控制受益人提交的单据是否和信用证严格相符。

所有信用证中存在的"软条款"对信用证受益人都不利，而且"软条款"的形式与内容各种各样，有的受益人知道具体内容，有的则不知道其具体内容；有的受益人能够做到，有的经过努力与有关当事人合作能做到，有的则做不到，有的是开证人故意设置的陷阱，一旦市场对自己不利时，把这些条款作为违约或逃避风险的借口，甚至作为诈骗的手段。

解决信用证"软条款"问题应采取五种措施：一是慎重选择贸易伙伴。二是在贸易合同中不要订入"软条款"，否则，出口商将难以拒绝接受带有"软条款"的信用证。三是当事人拒绝信用证采用"软条款"，信用证项下的受益人要自己当心，不要接受包含"软条款"在内的信用证，必须努力避开信用证中的"软条款"。四是即使当事人之间一定要采用"软条款"或相似效果的条款，银行也应该将当事人指定的有关留底连同信用证发送给受益人或通知行，以便受益人及时知晓该条款的具体要求，以尽可能地避免受益人提交的单据中的不符点的发生。五是受益人一定要仔细审核信用证，发现类似"软条款"，事先详细了解该"软条款"的内容，看自己能否做到，能够做到的，为保持业务关系，可与议付行积极合作，努力去做，否则要求对方修改信用证。本案的受益人可能不了解该"软条款"的具体要求，因而吃亏。当然，有时软条款的发生是基于商业交易中各方的自愿安排，但是即使自愿采用和接受"软条款"的商家也必须对"软条款"保持高度警惕。

三、讨论与思考

1. 什么叫信用证的软条款？常见的软条款有哪些？
2. 请用示意图来讲述这个案例。
3. 买方乙公司应该从此案例中吸取什么教训？

第六章 国际货物贸易方式

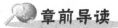

国际货物贸易方式是指国际商品流通的做法或形式，主要包括一般贸易和加工贸易，此外，还有其他一些贸易方式。

一般贸易方式是指买断贸易方式，即通常的进出口贸易方式，主要包括经销、代理、寄售、展卖、招投标、拍卖等。

加工贸易是指一国的企业利用自己的设备和生产能力，对来自国外的原材料、零部件或元器件进行加工、制造或装配，然后再将产品销往国外的贸易做法。我国对加工贸易赋予保税进口的特定含义，是指从境外保税进口全部或部分原辅材料、零配件、元器件、包装物料，经境内企业加工或装配后，将制成品复出口的经济活动。

案例一 用劣质原料进行进料加工贸易

一、案例介绍

2009年3月，韩国神宇公司与我国江苏省至美公司达成一笔进料加工业务。双方协商，由至美公司向神宇公司购买面料、辅料，再加工制成毛绒玩具，由神宇公司包销。3月18日，双方正式签订了购货合同与销售合同。购货合同约定，由至美公司向神宇公司购买面料、辅料，共计40万美元，装预期在4月10—17日，由韩国釜山港运往我国连云港。结算方式为远期信用证支付。销售合同涉及金额 88 万美元，由神宇公司在首批毛绒玩具装运前 30 天前开出信用证支付。

签约当日，至美公司即开立了远期信用证，4 月 12 日，由韩国发来的面料、辅料到达连云港，经商检部门检验不合格，质量存在问题，规格也不符。至美公司向韩国方面通报此情况，但韩国方面答复说，此笔交易是进料加工复出口业务，江苏至美公司只管加工，无须考虑质量问题。得到上述答复，至美公司开始加工，顺利完成第一批玩具。然而临近交货，对方的信用证还未开到，多次催促，对方想尽各种办法搪塞，并且提交鉴定报告说毛绒玩具的填充物不足，拒绝开出信用证。至美公司通过调查，发现神宇公司提交的是篡改的另一批玩具的报告。通过此事，至美公司意识到神宇公司根本无诚意做此笔交易，他们的目的仅仅是推销劣质原料。8 月 22 日，至美公司将案件提交仲裁。2010 年 2 月 3 日，中国国际贸易仲裁委员会在北京做出如下裁决：（1）解除该笔进料加工的销售合同；（2）神宇公司向至美公司支付因其违约造成的经济损失 48 万美元，并于裁决之日起 45 天内支付完毕。

二、案例分析

江苏至美公司在收到韩国神宇公司的发盘以后，未对公司资信进行调查，在进口商品被商检部门检验为不合格商品，质量、规格都不相符时，也未引起注意，直到进口不合格原料被加工成毛绒玩具，而收不到对方开来的信用证时，才发现问题，经调查发现神宇公司伪造检验报告，目的是不回购"进料加工贸易"成品。

此案给我们的启示：（1）交易前须对客户进行资信调查。（2）选择有利的支付方式。在进料加工中，通常采用对开信用证的支付方式。对外开出信用证的申请人和受益人分别是回购信用证的受益人和申请人，两张信用证应该互相关联、互相约束、互为条件，两张信用证同时生效。如果案中这笔业务采用对开信用证形式，那么，江苏至美公司委托开证行开出的支付面料款的信用证须等神宇公司回购毛绒玩具的信用证开出，且被至美公司接受后，两证才同时生效。这样，神宇公司就不能从议付行骗得原料款，不会给出口企业和开证行带来损失。

三、讨论与思考

1. 对开信用证的含义和主要用途是什么？
2. 采用进料加工贸易方式应注意哪些问题？

案例二　外贸公司代理出口宝石损失惨重

一、案例介绍

2006年5月，广东A商人（出口方）与香港B公司（进口商）签订出口宝石合同，A商人以没有出口经营权为由与B公司共同找到深圳C进出口贸易公司，经三方协商签订连环贸易合同：A商人与C公司签订内贸供货协议；香港B公司与深圳C公司签订代理进出口合同。合同规定总金额为600万港元；价格术语是EXW深圳；装运期为7月、8月、9月，使用粤港集装箱直通车运输方式，按货价的10%、80%、10%分三批出口；支付方式是每个月的中旬由广东A商人将货物运抵深圳指定仓库存货，深圳C公司每收到一批货物后3天内电汇货款至广东A商人，同时通知香港B公司派车派人上门检验合格后凭银行本票钱货两讫；在所有货物交付完毕后，广东A商人与香港B公司分别按合同总额的5%付给深圳C公司代理费。

在6月15日，广东A商人将合同规定的第一批货物（即合同货价的10%）运到深圳交C公司并通知B公司上门检验提货，经检验合格，C公司当即收到由南洋银行香港分行开出的银行本票，并在3天内将应付的人民币电汇付给广东A商人。但在7月12日交第二批货物（合同货价的80%）时，货到深圳后，C公司连续8天催香港B公司来检验，香港B公司称忙一直没有来验货，在7月16日深圳C公司按供货协议将80%的货款预付给广东A商人。香港B公司到7月20日到深圳验货时，称所交货物的数量、质量与合同规定不符，请C公司转告广东A商人补足数量和修补好货物后再通知香港B公司来复验，合格后才提货，随车带来的银行本票没有交给 C 公司。C 公司一直努力联系广东 A 商人来补足数量和修补货物，但过了第三批交货期乃至合同有效期，A 商人既不来补充、修补货物，B 公司也不来验货提货，更不见付款。C 公司分别派人到广东和香港联系，却不见踪影。C 公司只好将货物放在货仓重新请有关部门检验估价，证明是一批质量极差的残次宝石，货值不到人民币 5 万元。结果导致 C 公司损失了包括仓储、利息等费用在内的货款 400 多万港元。

二、案例分析

这是一起进出口双方利用代理出口来合谋诈骗的案件。买卖双方之所以得逞，原因在于作为代理商 C 进出口贸易公司对客户的资信情况一无所知。深圳 C 公司拥有进出口经营权，在代理业务中应对 A 商人和香港 B 公司的客户背景、经营范围、经营能力和支付能力进行全面调查；但 C 公司时至该年 9 月底仍对另两公司情况一无所知，直到《国际商报》通报广东不法宝石商人 A 勾结境外商人已诈骗内地多个省份超 5000 万元货款的情况后才如梦初醒，大呼上当。其次，内、外贸合同条款不一致，导致 A 商人和香港 B 公司利用付款时间差获利。C 公司与广东 A 商人订立内贸供货协议的支付条款是：深圳 C 公司每收到一批货物后三天内电汇货款至广东 A 商人；而 C 公司在香港 B 公司派车派人上门检验合格后才能收到银行本票款项。即深圳 C 公司向广东 A 商人汇款在前，而收到香港 B 公司的银行本票在后。正是这一付款时间差条款，使 C 公司吃了大亏。此外，被过高的代理费冲昏头脑。代理合同列明在所有三批货物交付完毕后广东 A 商人与香港 B 公司分别付给深圳 C 公司 5% 的代理费，此条款既未订明支付的方式和工具，也存在代理费过高的问题。按理，A 商人与香港 B 公司双方事先已基本达成协议，只是找 C 作为其代理商，那么代理费由谁支付应事先已经谈妥，而不存在双方各支付代理费的问题，如果各自支付代理费，也以合计 5% 为限。这一条款的订立，明显带有引人入"瓮"之嫌。设定"商检软条款"，对进出口商品进行商品检验，按国际惯例一般采用离岸品质/数量，允许买方复验的做法。如果允许买方上门检验，并限制检验结果作为付款条件之一，就相当于卖方或代理人有可能面临因买方不上门检验、检验不合格或检验机构不出检验单而无法收回货款的风险。本案例的事实正是代理人的疏忽导致其在"家门口"失去了保护自己权益的机会。最后，分批数量的不对等已埋下危机。合同中"按货价的 10%、80%、10%分三批出口"的条款，是一个再明显不过的危机条款。一般而言，分批出口都体现为等量出口，合同中第二批为货价的 80%，明显有失常理。结果是第一批货的 10%安全收汇，让 C 公司尝到了甜头，而后的 80%却让 A 商人和香港 B 公司空手套白狼。如果在订立进出口代理合同时多加注意，分析异常，就会阻止诈骗的发生。

三、讨论与思考

1. 采用代理出口贸易方式应注意哪些问题？
2. 贸易合同中的商检条款应主要哪些问题？

案例三 OEM（定牌加工）业务侵权

一、案例介绍

汕头制衣有限公司（S 公司）与墨西哥 B 公司有长达 3 年的合作。2009 年，B 公司提出了和 S 公司加强合作的意向，两公司于该年 5 月 17 日签订了一份合作意向书，B 公司在意向书上承诺出资 30 万美元支持 S 公司扩建一条年产 60 万件衬衫的生产线，并承诺在阿拉伯联合酋长国市场独家代理 S 公司的自有品牌"BAK"衬衫。另外，协议上也申明，双方的合作在 8 月进入实质性阶段。意向达成后的 6 月 1 日，B 公司下了一个订单，要求 S 公司定牌加工 6000 件、总价值为 3.2 万美元的两款男式衬衫。除了 1500 件用自有品牌"BAK"外，另外 4500 件男式衬衫要求在袖口、领子等处贴上"VERSACE"的标徽，对此 S 公司负责人虽感奇怪，却未多加思索就按合同进行了生产。6 月 18 日，6000 件衬衫生产完毕，该公司将之交付汕头市出入境检验检查局进行检验。但是就在该公司完工和申请报检前几天，汕头市质量技术监督局（以下简称"汕头市质监局"）收到范思哲中国商业有限公司的代理人的一份举报传真。投诉书上称,"VERSACE"系列为世界著名商标,其中国商标的所有者为范思哲中国商业有限公司。该公司经调查和取证,发现 S 公司正在加工假冒"VERSACE"品牌服装,因此依法投诉,请求查处。就此,汕头市质监局有关执法人员开始对 S 公司展开调查。18 日下午,就在该公司的 160 箱衬衫经汕头出入境检验检疫局检验合格、准备起运海关的时候,突然赶到的汕头市质监局执法人员以"涉嫌假冒"名义查封了该批衬衫。6 月 29 日,范思哲中国商业有限公司对 S 公司加工的"VERSACE"衬衫做出鉴定结论:S 公司假冒范思哲公司特定品质的产品。7 月 16 日,汕头市质监局认为 S 公司的行为已经违反《中华人民共和国产品质量法》第三十三条,责令其停止生产相关产品,依法没收 4500 件"VERSACE"衬衫,并罚款 5 万元。对此,S 公司措手不及。为了挽回声誉,S 公司负责人一方面委托有关咨询公司查询"VERSACE"商标的真实情况;另一方面求助于 B 公司,希望其说明事实。但是,S 公司等来的却是一纸"休书"。8 月,B 公司在《订单赔偿信及合作意见取消声明》中委婉地告诉该公司:"尽管我们对此也感到非常的抱歉,但是货物至今不能够从中国发运,严重影响了我方的业务和商业信誉……我们必须向 S 公司提出索赔。"随后,B 公司对 S 公司罚款 2.7 万美元,并在 B 公司的应付款中执行。让 S 公司备感伤心的是,B 公司在声明中进一步称:另悉,由于 6 月 1 日合同是被汕头市质监局无故扣押,B 公司对汕头不良的投资环境感到震惊,因此将中止一切与 S 公司的合作意向和贸易往来。

求助外商无效的 S 公司在有关部门协调没有结果的情况下,将汕头市质监局告上了法庭。9 月 24 日,汕头市某区法院以"事实不清、证据不足、超越职权"为由一审判决汕头市质监局败诉。对此,汕头市质监局表示不服并提起上诉。12 月 7 日,二审法庭汕头市中级人民法院审理后撤销了一审判决结果,维持汕头市质监局的行政处罚决定。

二、案例分析

本案中,汕头 S 公司有如下失误之处:

1. 签订定牌加工合同时缺乏保护商标权条款。这样,一旦发生商标使用权纠纷,加工出口公司就必须承担商标侵权责任。国内企业在接受外商委托从事定牌加工业务时,应当通过有关的产权管理部门、知识产权服务机构或其他途径查明外商委托人是否为该项知识产权的合法拥有者、是否有权使用，在定牌加工合同中应约定企业履行合同所进行的定牌加工活动被第三方指控侵权时的应诉责任以及指控成立时的赔偿责任。案中 S 公司如果能在签订定牌加工合同时明确保护商标权条款，就不会遭遇巨额损失。

2. 没有审查委托方主体资格及商标权使用合法性。按国际惯例，B 公司本应提供有关商标使用权的合法性证明，但 S 公司收到 4500 件男式衬衫的袖口、领子等处贴上"VERSACE"的标徽的订单时，公司负责人员虽对此略感奇怪，却未多加思索，仅凭传真订单和商标式样就组织了加工生产，最终陷入了侵权陷阱。

3. 打错了官司、告错了对象。就本案例来看，显然 S 公司一开始就陷入了 B 公司精心设置的圈套。B 公司利用多年的合作关系和出资支持扩建衬衫生产线的承诺，使 S 公司负责人糊里糊涂地上了其跨国制假售假的贼船。汕头市质监局对此假冒案进行查处是保护知识产权、维护我国国际声誉的正当行为，S 公司理应积极配合查处而不是将其告上法庭。另外，本案例中 S 公司本身也是一个受害者，是值得同情的一方。在本案例中，S 公司应主动说明情况，以争取有关部门的理解和支持，并将蓄意欺诈的不法外商 B 公司告上法庭，依法保护自己的合法权益，同时避免更多的国内企业上当受骗。在市场竞争激烈的情况下，有人下订单当然是好事，更何况委托加工的还是名牌。可是，在经济利益面前，企业要谨防陷入侵权陷阱。

4. 在代理销售协议中没有签好货款支付条款。本来在签订代理销售协议时，应签订完善的代销款支付条款，以保证我方及时、足额地从代理方收回销货款。但从本案例来看，S 公司显然没能做到达一点，以致纠纷发生时被 B 公司从其应付货款中单方面扣去了 2.7 万美元的所谓罚款。

就本案例来说，我们可以从中得到如下教训和启示：

第一，要有针对性地对各出口加工企业业主和业务员进行与知识产权相关的教育与培训，组织他们学习相关的国际惯例，提高企业的自律意识。

第二，出口加工企业务必重视定牌加工的管理工作。对外接单时，如客户要求加工出口的产品使用特定的品牌和款式，按国际惯例应要求其出具相关证明材料，核实知识产权状况，避免企业在定牌加工中出现假冒仿冒、虚假标注、商标使用不规范等问题。

第三，各出口加工企业应逐步建立和完善定牌加工台账制度，积极探索建立企业定牌加工备案或存查制度，指定专人负责定牌加工有关资料，包括客户、品牌等资料的电脑录入核查工作。政府有关部门应不定期派人到各出口加工企业检查定牌加工业务的开展和备案情况，促进我国定牌加工业务健康稳定地发展。

第四，尽快修改与完善现行有关"打假"的法律法规，明确鉴定假冒伪劣产品的法定机构，防止地方保护主义，大力加强对造假侵权行为的打击力度；同时，加强知识产权保护领域的国际合作，严厉打击不法外商以定牌加工为幌子的跨国制假售假行为，维护我国正常的经济环境和良好的国际形象与声誉。

第五，促进出口加工企业树立品牌意识，实施品牌发展战略，鼓励和扶持更多的企业争创著名商标、驰名商标。

三、讨论与思考

1. 采用定牌加工贸易方式时应注意哪些问题？
2. 出口企业应如何加强品牌意识？

案例四 来料加工由于信用证"软条款"引起的索赔

一、案例介绍

浙江一家玩具生产企业（以下简称"S公司"）在2010年6月4日经中间人介绍与美国B公司签订一份来料加工毛绒玩具的合同。合同订明由B公司供应毛绒玩具所需的各种原料，S公司按B公司规定的数量、规格、质量标准、包装、交货期限等要求进行生产加工和返销毛绒玩具成品。结算方式条款规定B公司在签约后20天内开出不可撤销的即期付款循环信用证，以支付加工费及运回成品的运费、保费；S公司则须在签约后 20 天内开出与所收原料价值相符的履约保函。合同的检验条款规定，B 公司在成品起运前指定检验机构在 S 公司进行检验。检验结果如符合美国国家相关进口标准，由检验机构出具合格证书；如不符合进口标准，检验机构将拒绝出具合格证书，则 B 公司可在 S 公司开立的履约保函下收回其原料、运费，外加损失赔偿款。

在合同的不可抗力条款中规定，"如果由于美国的毛绒玩具规格要求有变动，而且这种变动是 S 公司和 B 公司都必须遵守的，B 公司提出要修改或变换，需及时将情况通知 S 公司，且 S 公司需于 30 天内做出答复，说明能否按照新规定执行。如因执行规定而影响加工成本，双方应协商确定新的价格；如果 S 公司无法遵照办理，则按人力不可抗拒处理，不作为 S 公司违约论处"。合同签订后，S 公司经由国内 H 银行于 8 月 6 日开出有履约保函性质的备用信用证，金额为 70 万美元，以 B 公司为受益人，申明 S 公司在收到原料后按规定交付产品的证明书、已供原料的发票和提单副本（或 S 公司收到原料的收据），支取原料费用、运费及罚款等款项。S 公司在开出该备用信用证时尚未接到 B 公司应开来的不可撤销的即期付款的循环信用证以偿还 S 公司的加工费、运费、保费等，故另加了"未生效条款"，以促使 B 公司及早开来信用证（以下简称"来证"）。9 月 30 日，B 公司经其银行开来了一张不可撤销信用证，其中要求随附单据栏内有一项为 SGS（瑞士通用检验公证行）或其代理人出具的装运前检验成品符合合同规定的合格证明书。

S 公司遂将其开出的信用证修改为生效。同年 10 月 19 日，B 公司修改其来证条款，把符合合同规定的字样改成符合美国国家标准。S 公司无异议。在合同签订后，B 公司陆续运来各种生产原料，均由 S 公司收讫。也是在合同签订后，美国提高了毛绒玩具的相关质量标准，B 公司曾将新的标准要求通知 S 公司，S 公司未能在接到通知后 30 天内向 B 公司提出不能遵照办理加工的答复。第一批成品加工完毕即将出运前，B 公司通知 SGS 的代表到 S 公司进行检验，SGS 的代表检验后以不符合美国的现行标准为由，拒绝出具合格证书，因而使 S 公司无法履约出运货物。而 B 公司却以 S 公司未按合同规定期限交货为由，出具索赔声明书，连同其以前发出原料的发票及提单副本，证明 S 公司不能履约，在 C 银行开出的履约备用信用证下索赔巨额价款，结果 S 公司蒙受巨额损失。

二、案例分析

本案例中的合同规定了所加工的成品必须符合进口国政府机构所颁发的进口标准，并由委托加工方委派检验机构进行返销前的检验。加工方在对其规定标准并不十分熟悉和并未随时把握的情况下，贸然接受了这种软钉子似的条款规定，因此其风险和后果很大。一般来料加工以对开信用证或银行保函为支付方式进行结算的不在少数。如果在签订合同前未对其条款仔细审查，量力而行，使履约的主动权掌握在自己手里，同时把返销责任合理地加予对方，那么就很可能授权予人，造成自己不能履约的被动局面，以致蒙受损失。

信用证应以合同为基础，严格按照单证相符的原则，在单据中列入该检验条款。合同中的软条款移植到信用证中后，就会独立于合同，这就导致原本不可撤销信用证变成实质上随时可以撤销的信用证，其中的受益人如不能遵照其条款办理，就会丧失交货和索偿的权利。

就本案而言，合同中订有人力不可抗拒条款，包括如果该国的进口标准有所变动，致使加工方无法履约，加工方在接获委托加工方通知起的30天内提出撤约可作为人力不可抗拒论处。在本案例的中途，确实发生了进口国标准提高的情况，此时若加工方审慎对待，深入衡量一下自己的加工能力，尽快尽早邀请对方委派检验机构进行成品检验，限定在30天内或更早做出结论，如在限期内做不出结论须将30天延长，则时间上还是来得及提出撤约的。可惜加工方没有认真对待和努力争取，拖过30天期限，使原来可作为撤约的正当理由徒然丧失，反而背上了违约之责。如果合同条款能订成另一种样子，即改由国内的检验机构凭对方提供的符合进口国标准的来样（由进口商或其指定的检验机构检验后寄到国内的检验样品）进行生产过程中的随机检验，并于装运前出具检验合格证书，以代替原订条款，那么就既可做到质量符合标准要求，委托方可以放心，又可在生产中及时发现没有达标的批量，及时纠正或返工，避免在装船前已经大量整批待运时再发现问题而造成巨额损失。这是在来料加工这种贸易方式下可以建议采用的检验方式。当然，事前必须与国内的检验机构妥善商量，认可后才能订立成交合同。

案例启示：

1. 在来料、来样加工业务中，如有检验后出运的做法和要求，发料、发样者应与国内检验机构订立委托协议，具体限定标准和要求以分清责任，委托机构的费用也可由委托方承担。一般来说，进口海关应是以变动后的标准作为货物检验通关的标准来掌握的，而加工方的生产则每天每时都在进行。在变动前加工的成品不符合变动后的新标准的机会也随时可能存在。在这种时间差的情况下，按未变动的标准加工出来的成品势必无法出运，对于其损失，应订明归委托加工一方负担比较合理。

2. 信用证上列有所谓"软条款"的问题可以有不同的表现形式。一种是在信用证中规定："信用证项下的付款只有在货物清关或由主管当局批准进口后才支付。"另一种就像本案例中的信用证，把含有同样意思的条款做成一种单据，如要求受益人提交公证机构对于货物是否符合进口国规定的检验报告，符合的才能支付货款，不符合的就丧失了信用证下支取货款的权利。本案涉及后一种条款，是装运前的检验合格，如果不属于加工贸易，还来得及停止出运，另做处理。但是案中为特定的进口商生产的，转销其他国家有困难，那么也将造成库存积压，蒙受经济损失。所以，在取得合格的检验报告以前，受益人仍须承担风险。出口商注意到了上述风险，就必须加强对来证条款的审查，做到证同一致，如发现来证中额外加列"软条款"，必须向进口商交涉删除；必要时（如开立一张履约保函或备用信用证）需核对有关合同的条款，如发现其中存在"软条款"，就要向申请人提出，决定拒绝开证或收取充足的保证金，避免以后可能产生的纠纷。

三、讨论与思考

1. 卖方如何防范信用证"软条款"带来的贸易损失？
2. 采用来料、来样加工贸易方式应注意哪些问题？

第七章 违约、仲裁与索赔

章前导读

国际贸易往来和交易活动，涉及面广，经历环节多，履约时间长，在生产、采购、运输和保险等任何环节上出现差错，都可能给合同履行带来影响；同时，国际市场变化多端，有时使合同得不到履行，导致另一方当事人遭受损失，引发争议和违约行为。违约行为主要分为以下几种情况，卖方违约、买方违约和双方违约。关于仲裁，也称公断，是指买卖双方为了解决业务中争议的问题，在合同中订立仲裁条款或单独签订书面协议，自愿将争议问题提交第三者（仲裁机构）予以裁决。由于仲裁是依照法律所允许的仲裁程序裁定争端，因而具有法律约束力，当事人双方必须遵照执行。仲裁涉及仲裁地点、仲裁机构、仲裁规则、裁决的效力、仲裁费用。关于索赔，是指受损害的一方向违约的一方提出赔偿的要求。索赔是根据法律或合同规定的一种补救办法，在国外经济活动中普遍采用，受害方叫索赔，违约方叫理赔。

案例

案例一 未按期装船，卖方应承担违约责任

一、案例介绍

英国某公司（买方）与中国某公司（卖方）于2014年11月8日签订国际货物买卖合同，由中方向英方供应玉米总计3000吨，按CIF汉堡每

吨人民币 1870 元，总值为 5610000 元。合同规定分三批装运，其中第一批 1000 吨的装船期为 2014 年 11 月至 12 月。英方按期开出了以中方为受益人的不可撤销的信用证。2015 年 1 月 5 日，中方电告英方货物不能按期装运，要求英方延长信用证有效期限。1 月 7 日，英方回电传表示可办理信用证展期手续，1 月 8 日又来电传称信用证展期手续办好，但要求中方补偿每吨人民币 5 元，继而 1 月 10 日加到每吨 10 元，中方对此表示不能同意。由于中方未能按时将货物装船，英方要求赔偿由此引起的损失。双方经多次协议未能达成和解，英方遂向我国涉外仲裁机构提交仲裁申请。

二、案例分析

本案属于国际货物买卖合同，双方均是《联合国国际货物销售合同公约》（以下简称《公约》）缔约成员国，适用《公约》的规定，同时双方当事人在合同中采用了 CIF 贸易术语（价格条件），亦适用国际贸易惯例的有关规定。本案的关键在于卖方不能按期交货的责任能否免除，买方是否因卖方延迟交货而失去索赔的权利。

从本案的情况来看，卖方未按期装运，主要是国内运输上的原因，这能否构成不可抗力的因素？"不可抗力"是指买卖双方签订合同之后，其中一方遇到了不能预见、人力不能控制且无法避免的意外事故，使合同不能履行或者不能按期履行，遇到事故的一方可免除责任，而另一方（受损害方）则无权提出损害赔偿。在国际贸易中，不可抗力的范围主要包括两大类：一是由于"自然力量"所引起的，如水灾、火灾、大雪、飓风、暴雨、地震等；二是由于"社会力量"所引起的，如战争、政府禁令等。显然，本案卖方未能按期装运货物的原因不属于不可抗力的范围。这是国内承运人的责任，作为 CIF 合同下的卖方，仍应承担不能按期装运的违约责任。根据国际商会颁布的《国际贸易术语解释通则》，采用 CIF 贸易术语成交的合同，卖方的责任是：负责租船或订舱，在合同规定的装运港和规定的期限内，将货物装上船，并支付至目的港的运费。在 CIF 价格条件下，合同的装船期实际上就是交货日期，没有按时装船就等于没有按时交货。

本案中卖方由于国内运输上的原因没有能够按时交货，如果经双方协商可以延期交货，那是另外一种情况，但仍不能解除买方因卖方延迟交货而要求损害赔偿的权利。英美法系与大陆法系有关法律及《公约》对延期交货有不同的规定。根据英国法的解释，在一般商业买卖合同中，交货期应推定为合同的要件。如果卖方没有在合同规定的时间内交货，除因不可抗力的事件外买方就有权解除合同，并有权请求损害赔偿。在大陆法系法律和《公约》中，虽对卖方延迟交货的处理不像英国法那样严厉，但仍保护买方因卖方延迟交货而要求损失赔偿的权利。《公约》第 47 条规定："买方可以规定一段合理时限的额外时间，让卖方履行其交货义务。除非买方收到卖方的通知，声称他将不在所规定的时间内履行义务，买方在这段时间内不得对违反合同采取任何补救办法。但是，买方并不因此丧失他对迟延履行义务可能享有的要求损害赔偿的任何权利。"本条规定表明，卖方未按期履行合同毕竟是违约行为，这种违约并不能因买方给予他一个宽限期而得到豁免；就是说，在卖方未履行交付货物的情况下，买方并行两种权利：一是规定宽限期，要求卖方履约；二是要求损害赔偿。

通过以上分析，我们认为仲裁庭做出的仲裁是正确的，同时也引起我们的高度注意，在国际贸易中，卖方不能按期装运引起的法律后果是严重的。本案的判决结果如下：

1. 被诉人没有能够按期装运，应当赔偿申诉人由此所造成的损失。损失的金额按照合同规定装运期最后一日的国际市场价格与合同规定价格之间的差价来确定。根据仲裁庭的调查，差价为每吨人民币 11.53 元。据此，被诉人应赔偿申诉人人民币共计 11530 元。

2. 仲裁费由被诉人承担。

三、讨论与思考

1. 自动展期信用证是指什么？具有什么特点？
2. 自动展期信用证在应用时该注意什么问题？
3. 自动展期信用证对买卖双方的好处是什么？

案例二　国际货物买卖合同违约及其补救方法

一、案例介绍

中国某出口商与斯里兰卡某进口商在签订的货物买卖合同中约定以CIF科伦坡价格条件销售泼纹绸，合同价款共计514.50美元。但在产品接受出口检验时被发现其中混有不合格产品，约占货物全部的39.4%，且卖方未予处理。因卖方在合同与信用证上均未标明在货物中混有不合格产品的比例，故当买方发现货物存在瑕疵后拒绝支付货款，并要求卖方减价赔偿损失。

本案经双方协商后，卖方准备以未出口的下一批货物减价的方式，承担交货不符的法律责任，买方也同意按照汇票金额付款。卖方因此在另一批准备向买方装运出口的玩具制品中扣除价金总额中的150美元向买方供货。

二、案例分析

国际货物买卖合同的违约是指合同当事人无正当合法理由不履行或不按合同约定履行合同项下义务的行为。合同违约分为实际违约和先期违约。实际违约又分为根本性违约和一般违约。对于根本性违约，受损害方有解除合同之权；但对于未构成根本性违约的违约行为，受损害方则无权解除合同。

卖方违约的补救方法包括：要求卖方实际履行，减少价金，解除合同，损害赔偿，等等。买方违约的补救方法有三种，即要求买方实际履行，解除合同，请求损害赔偿。

本案所涉及的请求减少价金的补救方法，是指卖方交货与合同规定不符时，买方提出把合同价金减低，并按新价格计算价款后收取货物的一种补救方法。通过该种补救方法，买方达到了与请求赔偿损失同样的索赔目标。

本案的卖方虽在产品出口检验时发现大量不合格产品,但未作任何处理即装船出口,且合同中未约定允许货物中混有不合格产品,致使卖方交货品质与合同不符,构成违约的卖方应承担相应的法律责任。

减少价金的补救方法值得提倡。这种方式不仅补偿了买方因卖方违约遭受的损失,同时,因卖方不必向本国主管机关申请准许赔偿的汇款手续,使今后的交易能够顺利进行,不受任何影响。

三、讨论与思考

1. 构成违约的条件是什么?
2. 如何减少违约造成的影响?
3. 买卖双方构成违约应承担哪些相应的法律责任?

案例三 中国出口公司诉韩国公司国际货物买卖合同纠纷案

一、案例介绍

2012年4月13日,无锡贸易公司(经工商部门核准,无锡贸易公司于2013年3月7日变更名称为宏业公司)与韩国的珠路商社以传真方式签订了编号为02JAWX-A0005的售货确认书,约定:由无锡贸易供给珠路商社183000件罗缎布料服装,总价款为57651美元(FOB上海);装运期为2012年5月2日,装运港为上海,目的港为韩国。合同签订后,无锡贸易公司即委托中华服装公司进行服装加工制作。无锡贸易公司完成加工任务后,由珠路商社派人进行了现场验收,并逐件在服装的洗唛上加盖了检验章。2012年5月2日,中华服装公司根据无锡贸易公司的指令将货物送至荣鑫公司的C2771A仓库。其后经多次催促,珠路商社至今未通知宏业公司装船,也未支付货款,致使该批服装仍在仓库中。2013年7月16日,珠路商社致宏业公司称:"造成罗缎面料服装中止的主要原因是,经我社对产品的认真检验，发现产品存在严重的质量问题：（1）面料品质不好；（2）缝制工艺不良。"经过多次协商未果，宏业公司遂诉至本院。截至 2013 年 7 月 22 日，宏业公司就本案所涉货物尚欠荣鑫公司仓储费 10192.5 元。

二、案例分析

在本案中，当事人双方是否存在着有效的货物买卖合同，买方不收货行为是否属于违约行为，应当承担何种责任是争议的焦点。要解决以上问题，首先应当确定双方之间是否存在有效的合同法律关系。

1. 在国际货物买卖中，可能会出现意向书、备忘录甚至是君子协定等。它们的性质与法律效力是各不相同的，体现双方当事人的主观意思也是不一样的。在本案中，当事人签订的售货确认书在形式上类似于售货意向书，但与表示粗略的售货意向不同，该确认书确认了货物的种类、价格、数量及选择了国际贸易术语，亦即规定买卖双方在该术语下的具体权利义务、货物风险转移时间、运输方式等问题。因此，涉案售货确认书具备合同的内容，而且经过双方签字盖章确认，其实质是具备合同的法律约束力和效力。买卖双方应当依照确认书的约定，履行各自的义务。

2. 原告认为被告违反的是何种义务？根据案情，买方被告没有按合同贸易术语的规定，为卖方原告提供装船有关的信息，违反了 CISG 第 60 条第 1 款，有关买方应当"采取一切理应采取的行动，以期卖方能交付货物"的规定，即违反了提取货物的义务。本案是涉及运输的国际货物买卖纠纷。本案买方并非等到货物到达目的港才对货物进行质量检验，而是在装运港就进行了此项检验。如果货物存在质量问题，买方应当按照 CISG 第 39 条第 1 款通告卖方，这样就可以要求卖方在货物交付之前对货物进行修理，以在合同装运期限届至前能交付合格货物，而不用待货物正式交付后再行使退货权。但本案中买方验货时违反规定操作，导致声称货物不符权利丧失，是国际贸易中经常出现的问题。

3. 在售货确认书的合同效力被肯定信服及被告抗辩理由被否决的前提下，接下来要确定的就是被告应承担违约责任。原告主张要求履行和损害赔偿请求权。对于要求履行请求权首先要考虑到 CISG 第 28 条的限制。本案适用我国法律，《合同法》第 109 条规定：当事人一方未支付价款或者报酬的,对方可以要求其支付价款或者报酬。这就是说,在我国要求履行请求权是可被法院支持的。损害赔偿请求权与要求履行请求权并不矛盾,即使卖方原告要求买方被告继续履行合同,也不损害因其被告迟延履行遭受损失而主张损害赔偿请求权的权利。

三、讨论与思考

1. 未领货物是否构成违约?
2. 宏业公司是否具有原告的诉讼主体资格?
3. 如珠路商社未收领货物构成违约,其应承担何种民事责任?

第八章　国际货物贸易综合案例分析

章前导读

国际贸易涉及的环节多，涉及贸易合同的磋商和订立，如合同条款、装运条款、进出口商品检验、合同的履行、贸易争端的处理等，是国际货物买卖合同成立的条件以及签订书面合同的注意事项。进出口合同履行过程中，备货、开证、审证、托运、投保、制单结汇、付款、提货、报关等环节，任何一环节出问题，都有可能产生纠纷。本章主要就其中一些特殊情形，如无单放货、损害赔偿范围与数额的确定、申请人发货前是否有权对合同货物进行检验、信用证修改导致装运期延展等情况进行分析，以期在实际操作过程中减少损失。

案例

案例一　中国S贸易公司与法国F有限公司合同争议仲裁案

一、案例介绍

2010年10月29日，申请人中国S贸易公司与被申请人法国F有限公司签订了精制白蔗糖购销合同。

在合同签订后，申请人于2010年11月7日与河南省某食品公司签订食品食糖购销合同。该项购销合同中的货物名称及数量与申请人和被申请人签订的合同相同。依据该购销合同的规定，在被申请人完全履约的情况下，申请人从销售每吨白糖中应获得毛利润人民币1846.91元，减去中国进口关税、增值税、港杂费，每吨应获得纯利润为人民币478.04元，申请人从该笔交易中应获得总利润为人民币11951000元。

2010年11月17日，申请人申请中国银行开出以被申请人为受益人的信用证，但被申请人一直拒绝交货。因被申请人严重违反与申请人之间的进口合同，申请人由此遭受损失包括：申请人必须支付给国内客户某食品公司的违约赔偿金人民币880万元；申请人开立信用证手续费人民币72381.09元；申请人内贸合同差价利润损失人民币11951000元。

另悉，2014年10月30日，被申请人股东全体特别会议决定解散被申请人法国F有限责任公司，2014年10月31日清算工作正式开始，2014年12月29日清算工作完毕，并向法院提出解散申请，2015年3月17日第二次即最后一次登报公布，清算程序结束。

本案的争议焦点在于损害赔偿范围与数额的确定。

申请人认为，被申请人严重违反了双方之间的合同和任何在本案中可适用的法律，未向申请人交付货物，因此，被申请人严重违反合同，被申请人应对申请人由此遭受的损失承担全部责任。

被申请人认为，其根本不可能预见申请人能以大大高于市场的价格销售，获得近合同总价款一倍的高额纯利，因此不能赔偿申请人因本合同而可能获得的暴利。履约保证金有违约金性质，法国F在赔偿申请人的损失后，不应再负担此履约保证金，保证金和损害赔偿两者不可并存，只可选择其一。

二、案例分析

本案的主要争点涉及损害赔偿范围的确定。根据违约损害赔偿的完全赔偿原则，受损害方当事人对由于不履行而遭受的损害有权得到完全正确赔偿，此损害既包括该方当事人遭受的任何损失，也包括其被剥夺的任何收益，完全损害赔偿所要追求的目标不仅要使受害人达到合同订立以前的状态，而且使受害方得到合同如期履行的结果。但是，损害赔偿也有一定的限制，包括可预见性原则、损害减轻原则、混合过错原则、损益相抵原则等。这体现了诚信公平和鼓励交易原则对合同当事人的平等保护。而本案中，关于损害赔偿范围的确定，主要争议在于可预见原则的适用。

本案申请人主张包括支付合同差价纯利损失、申请人应支付综合国内客户的违约赔偿金在内的损害赔偿责任。被申请人则以申请人可获利的利润为暴利，超出其订立合同时可预见的利润范围作为抗辩理由。被申请人的答辩中声称："根据申请人和被申请人签订合同时国际市场和国内市场的糖价，被申请人根本不可能预见申请人能以大大高于市场的价格销售，获利近合同总价款一倍的高额纯利。"被申请人以此证明其于合同签订时对国际与国内市场的糖价应当有充分的了解。此外，申请人能够证明与河南省某食品公司的合同中约定的销售价格是低于市场价格的，是正常的销售，不存在不可预见的暴利情况。因此，即使被申请人不知道申请人与下家签订针对涉案合同项下标的的销售合同，也应当可以预见这个合理的利润空间。对于后一项赔偿请求，申请人在后来仲裁请求变更中给予取消。这是因为下家合同有关违约赔偿金以及当事人由于违约而支出的费用和遭受的损失是基于申请人与下家自由约定的，不能要求涉案合同违约方对之有所预见。因此，本案申请人最后主张的损害赔偿范围符合可预见性原则。另外，申请人还主张合同项下履约保证金的支付，仲裁庭之所以驳回申请人的此项请求，除了由于此项请求对应的救济措施为实际履行合同而申请人并非提出该项请求以外，还体现了损害赔偿的补偿性，通过损害赔偿的方法来弥补或填补债务人因为违约行为所造成的后果，一般不具有惩罚性。通过对前一项仲裁请求（实际履行）的支持，申请人已经得到了遭受损害的弥补，如果继续要求被申请人支付，则会使申请人从对方违约情况下获取利益，不符合诚实信用原则的要求。

此外，本案还涉及被申请人解散的情形，虽然这不是本案仲裁庭解决的问题，但是这应该引起我国从事对外贸易法人提高警觉。在从事对外贸易时，必须对对方的资信情况做出一定的了解。对可能出现的违背诚信原则以逃避合同责任的风险做好防备。

三、讨论与思考

1. 被申请人是否应该赔偿申请人由此而遭受的包括利润在内的损失？
2. 赔偿的原则是什么？
3. 损害赔偿范围与数额是如何确定的？

案例二 中国某公司与瑞士某公司红豆销售合同争议仲裁案

一、案例介绍

2014年4月15日，申请人中国某公司和被申请人瑞士某公司签订了销售合同。双方约定：被申请人向申请人购买2000吨红豆，红豆的水分不超过13%，杂物不超过1.5%；单价为每吨USD324 FOB中国天津，合同总价为USD 648000；装运期为2014年5月，装运港为天津港，目的港为瑞士主要港口，被申请人以不可撤销信用证付款；双方同意关于货物的重量和质量以中华人民共和国天津进出口商品检验局出具的报告为终局。在销售合同的履行过程中，双方当事人发生争议。申请人遂提请仲裁，请求裁决被申请人赔偿申请人的降价，货物损耗及其他损失。

在销售合同签订后，双方曾对合同单价进行协商，被申请人于2014年4月29日致函申请人，同意将合同单价修改为每吨USD 326 FOB中国天津，并允许10%溢短装。2014年5月3日，被申请人委托银行开出了两份以申请人为受益人的信用证，信用证的有效期至2014年6月15日，总金额为USD 652000元，信用证对货物品质的描述与销售合同一致，信用证关于议付单据的要求中包括CCIB或CCIC的质量和重量检验证书，信用证规定申请人必须在提单日后15天内向议付银行出示所有单据议付货款。2014年5月10日，被申请人同意申请人修改信用证的要求，并通知申请人将于2014年5月25日左右派船接货。2014年5月12日，USB AG银行将上述两份信用证的有效期延长至2014年6月20日，将申请人交单期限修改为提单日后20天内。

2014年5月24日，申请人通知被申请人，货物已经备好待运，要求被申请人在5月30日前派船，并将船名告知申请人。2014年5月25日，申请人再次致函被申请人，催促派船。被申请人没有在销售合同规定的装运期内，即2014年5月内派船接货。2014年6月3日，被申请人致函申请人，提出货物中的异色粒和破损粒比例过大，要求是瑞士日内瓦的商品检验公司SGC对合同项下的货物进行检验。申请人于2014年6月4日拒绝由SGC进行检验，要求被申请人尽快派船接货。被申请人单方委托SGC对合同项下的货物进行了检验。2014年6月11日，被申请人将SGC的检验结果传真给申请人。SGC检验报告得出的结论为：杂物的指标为3.54%，不符合销售合同的规定。此后，双方当事人进行了协商，但未能达成一致意见。被申请人于2014年6月24日致函申请人，由于货物质量问题，将不派船接货。

2014年6月28日，申请人与R GLOBAL EXPORTS PTE LTD.签订另一份销售合同，申请人以每吨USD295（FOB天津港）将本案销售合同项下的1900吨红豆售给R GLOBAL EXPORTS PTE LTD.。2014年7月7日，R GLOBAL EXPORTS PTE LTD.委托银行开出了以申请人为受益人的信用证。信用证的单价与合同是一致的。2014年7月22日，中华人民共和国天津进出口商品检验局对申请人实际交付的1898吨货物进行了检验，检验报告得出的结论为：杂物为0.7%，水分为11.3%。

双方在销售合同中约定的价格术语为FOB，在FOB合同中，应当由买方负责租船订仓，然后将有关船名、装货地点和要求交货时间通知卖方，销售合同规定的装运期为2014年5月，因此，被申请人作为买方就负有在2014年5月派船接货的合同义务。事实上，被申请人在其2014年5月10日的传真中也明确表示将于5月25日左右派船接货。然而，被申请人在销售合同规定的装运期内没有履行上述合同义务，而且，在申请人给予额外的时间要求其履行合同，被申请人仍未履行。

被申请人就其违约行为提出抗辩的理由是申请人的货物质量不符合销售合同和双方的约定。双方约定货物应当适合人类食用，并且销售合同要求货物的杂物不能超过1.5%，而SGC检验报告的结论为：杂物为3.54%。

争议焦点：本案被申请人在申请人发货前是否有权对合同货物进行检验？

裁判意见：仲裁庭注意到，双方在销售合同中明确约定，关于货物的质量，中华人民共和国天津进出口商品检验局出具的检验报告是终局的。没有证据证明，双方曾有约定，申请人在发货前允许被申请人对合同货物进行检验，因此，被申请人认为在申请人发货前其有权对合同货物进行检验，缺乏合同依据。

被申请人还以申请人所举证据不是证明合同货物已经中华人民共和国天津进出口商品检验局检验为由，以支持其主张。仲裁庭认为，申请人所提交的证据证明，合同货物已经中华人民共和国天津进出口商品检验局检验放行，虽然被申请人认为此放行章不应盖在报关单上，而应盖在通关单上，但被申请人也不否认此类放行章是有效的。而且，双方同意的信用证条款规定，申请人向银行提交的议付单证中必须包括中华人民共和国天津进出口商品检验局出具的商检证，如果申请人不提交此商检证，则不仅构成违约，而且交付银行也会以单证不符为由，拒绝支付货款，使申请人无法实现收取货款的目的，如由此给被申请人造成经济损失，被申请人还可以要求赔偿。

按照国际贸易的通常做法。在 FOB 价格条款下，应由买方负责租船订仓，并给予买方关于船名、装货地点和所有要求交货时间的充分通知。CISG 第 60 条规定："买方收取货物的义务如下：（1）采取一切理应采取的行动，以期卖方能交付货物，和（2）接收货物。"具体到本案，申请人所交合同货物已按照销售合同的约定，经天津进出口商品检验局检验放行，被申请人即应派船接货，而不能在装船期后以 SGC 的检验结果作为拒绝接货的理由。

综上所述，被申请人拒绝派船接货，从而造成销售合同不能履行，构成根本违约，应承担违约责任。

二、案例分析

国际贸易合同通常对商品检验做出规定，商品检验的时间和地点大概有以下三种情形：（1）以离岸品质、重量为准。即出口国装运港的商品检验机构在货物装运前对货物品质、数量及包装进行检验，并出具检验合格证书为交货的最后依据。货物到目的港后，买方无权复验，也无权向卖方提出异议。（2）以到岸品质、重量为准。即货物的数量、品质和包装由到达目的港后，由目的港的商品检验机构检验，并出具检验证书为货物交货依据。（3）两次检验、两个证明、两份依据，即以装运港的检验证书作为交付货款的依据。在货物到目的港之后，允许买方公证机构对货物进行复验并出具检验证书作为货物交接的最后依据。国际贸易买卖双方协商选择商品检验的时间、地点和方式，约定的商检条款对双方均有约束力。

三、讨论与思考

1. 商检是否可作为索赔证据的效力?
2. 被申请人在申请人发货前是否有权对合同货物进行检验?
3. 约定商品检验的时间、地点和方式,约定商检条款,有哪些注意事项?

第二编

国际服务贸易

第九章 跨境交付

章前导读

跨境交付（Cross-border Supply）指服务的提供者在一成员方的领土内，向另一成员方领土内的消费者提供服务，以获取报酬的方式。这种方式是典型的"跨国界贸易型服务"。如在中国境内通过电信、邮政、计算机网络等手段实现对境外的外国消费者的服务。其中，服务的提供者和消费者均不移动。

案例

案例一 "SFbuy"试水"跨境寄递+海淘"业务

一、案例介绍

顺丰国际（SFb2c）隶属于广东顺丰电子商务有限公司（以下简称"顺丰"），是顺丰速运集团最新打造的国际电商物流服务平台，致力于为全球消费者和电商提供专业化的全球物流解决方案。顺丰国际利用顺丰在全球丰富的物流网络资源，为电商企业开展跨境电子商务提供保税仓储、海外仓储、集运和进出口电商包裹配送等服务。顺丰在涉足航空、便利店、供应链管理、无人机之后，2013年9月又上线"SFbuy"（海淘丰运）试水"跨境寄递+海淘"业务。

（一）顺丰布棋海淘跨境寄递市场

事实上，所谓的"海淘"业务，其实是搭建了一个海外电商平台的导航网站，国内消费者可以通过该平台接触到更多的海外商品。目前该平台主要导向是亚马逊、eBay 以及塔基特这样的美国传统零售电商平台，所能提供的商品也多集中在美容护理、潮流时装、生活百货和健康保健四大类。另外，由于背靠顺丰这一国内第一大民营物流企业，因此海淘丰运同时能够负责"海淘"商品的转运业务。在支付方面，由于刚刚起步，目前海淘丰运暂仅支持 VISA、万事达、美国运通信用卡，而支付宝、PayPal 等在线付款方式渠道虽然还未正式开通，但已经在逐步筹划当中。另外，对于一些不接受信用卡支付的海外网站，海淘丰运则将会推出代购业务，以方便用户购买更多样化的海外商品。开通后海淘丰运会用公司的信用卡、支票或 PayPal 账户来支付商品，之后，再由用户的信用卡收取相关费用。

（二）"海淘"市场潜力巨大

顺丰低调地上线"SFbuy"试水"跨境寄递 + 海淘"业务，无疑是看到了"海淘"事业的巨大潜力。根据 Paypal 此前发布的《2013 全球跨境电子商务报告》，当时其预计 2013 全年，全球五大市场美国、英国、德国、澳大利亚和巴西的跨境交易市场需求达到 700 亿美元，消费者人数约 7600 万，至 2018 年，也就是 5 年内，全球网购总额将翻番，达到 1430 亿美元。而国内的"海淘"业虽然存在众多的限制，但依旧无法阻止人们"海淘"的热情。根据中国电子商务研究中心的数据，我国海外代购交易规模近几年来连年翻番，2012 年海外代购交易规模达到了 483 亿元，近年来这个规模更加大了。

尚未完全开放，"海淘"便具有如此庞大的市场规模，吸引了无数的目光。相关的调查显示，美国是当前最受欢迎的跨境网购目的地，消费者最喜欢从美国网购买东西，排在美国之后的是英国、中国、中国香港、加拿大、澳大利亚和德国。而面对中国的一些限制，这些国家的电商又如何能眼睁睁地看着市场流失呢！有些海外商家直接在中国设立仓储中心，将店开到了中国。然而，对于"海淘族"而言，相比在中国设立仓储中心真正进入中国市场的网店，直接从国外网店购买的价格更具优势，因而"海淘"交易规模依旧持续上涨。但是"海淘族"依旧有着自己的烦恼，退换货售后服务不便利、国际货运中转带来的送货时间长、货品易丢失等问题都在一直困扰着他们。而这些问题恰恰给了"在线发货"物流服务一个很好的发展机会，跨境电商零售将带动跨境物流业务广阔的市场前景是顺丰发力跨境电商物流的重要原因。

跨境电商物流风生水起对于外贸电商的发展无疑将是极大的促进，而外贸电商的快速发展回过头也将反哺跨境物流的发展。

（三）跨境物流难题或得到缓解

当前，没有成型的跨境物流配送体系已经逐渐成为整个跨境物流业发展的瓶颈。没有成型的跨境配送系统意味着将在众多方面受到限制。

据《中国中小企业跨境电子商务出口报告》显示，根据 Paypal 对中国中小外贸商户的调查，中国中小企业目前最担忧的三大挑战是跨境物流、网络营销以及汇率变动的不确定性。而跨境物流方面的担忧主要有商品在运输途中损坏、物流费用高、递送时间长、退货退款流程太复杂等等。而其中最为突出的就是配送时间和物流费用。短则半个月一个月，长则数个月的配送时间，让许多商品止步于物流配送，极大地限制了跨境电子商品交易的种类。而高昂的物流配送费用更是让许多欲加入外贸电商行列的企业或欲成为"海淘一族"的人望而却步，成为阻碍发展的一道屏障。

此次顺丰布局"SFbuy"试水"跨境寄递+海淘"业务在一定程度上缓解了跨境物流中存在的这些难题。根据顺丰官方介绍，当用户货件入仓后，海淘丰运将替用户代存货件。用户可以随时登录查看储物箱，并下发派送要求。通常情况下，从海外仓跨境物流送货上门需要 7～10 天，清关时长则视具体情况而定。而在费用方面，与常用到的四大国际快递相比，顺丰的运费可打 5 折，但和国内其他转运公司相比，费用则依旧偏高，然而凭借顺丰的品牌价值保证，多花些银子买得安心相信也会得到更多的企业和"海淘一族"的青睐。

但是"SFbuy"仅仅是缓解了跨境电商的物流难题，要排解难题还需要下"猛药"。相信在"物贸一体化""海外仓"等新技术的不断探索，外贸电商物流问题将不断得到解决。

二、案例分析

"海淘"是一种 DIY 形式的自助海外购物行为，不依赖代购商家，主要流程为：转运公司网站注册、获取海外地址——→国外网站购物——→转运公司海外地址收取货物并发货到国内——→清关并快递到消费者手中，成本较低而且可以体验海外购买商品的优势。海淘这个市场近几年来从小众出发，越做越大。但从代购到转运，一直缺乏正规、上规模的公司来运营整合。

2013年SFbuy美国站正式开业，利用国际件服务的渠道，又开通了名为"海淘丰运"的海淘转运服务。顺丰开始进军"海淘转运+跨境寄递"业务。该服务内容主要是：消费者在注册后将免费获取海外地址以及专有储物箱号，可使用该地址和箱号在eBay、Groupon、Amazon等国外网站购物。顺丰美国站工作人员将负责在当地验货签收，在货物入仓后将自动发送电邮通知。顺丰还将提供跨境运送和清关服务，并负责国内配送，减少了中间交接的成本。顺丰转运还会进一步开通"代支付"，致力解决部分海外B2C商城不支持国内信用卡的问题。

（一）顺丰海运的优劣势

1. 价格中上。在价格上每磅$11的价格应该说不算便宜，差不多是国内其他转运公司的两倍，但与四大国际快递（UPS、FedEX、DHL、TNT）相比，这已经是5折的价格了。而且顺丰有足够的群众基础，加上加入海淘人群越来越庞大，顺丰海运还是有很大的竞争力。

2. 顺丰是商业快递，主动报关。不考虑过关时间，全程空运速度较快。当然用户的出发角度就是想通过海外转运的方式，淘到相对物美价廉的货品，主动报关的做法无疑会增加用户的支出。

3. 禁运的货物相对较多、受局限。可以运的物品：渔具、婴儿产品及玩具、电子手表（机械表、石英表除外）、文具、掌上游戏机、电子书阅读器、手提电脑、MP3播放器、MP4播放器。不可以运的物品：雪茄和（烟酒/酒精）机械表、石英手表（电子表除外）、电子产品（包括相机、桌上计算机、平板计算机、手机）、液体奶、书本刊物、高尔夫球用品、电线、光盘。其中不可以运的物品占了国人"海淘"的大部分。

（二）顺丰海运未来及海运板块发展

1. 顺丰现在正处于战略转型期，在国内需要面对"四通一达"（指申通快寄、圆通快寄、中通快寄、百世汇通、韵达快寄）联手、阿里巴巴进入物流行业、德邦插手速运等，同时还需要面对自己与 EMS 盈利上的差距；在国外市场，顺丰也继续进行着赶超 FedEX 的步伐。这意味着顺丰必须把速运业务继续做大做强才能在这个市场中占据有利的位置。然而，速运行业的利润率并不高，现有的利润并不能支持其速运业务进行大规模发展，所以顺丰必然会选择拓宽业务范围，近几年来，顺丰优选、顺银业务的上线就是第一步试水，近年顺丰进行了首次私募也是变革信号之一。

现在顺丰已经开放了美国件业务，国际件服务已经冲出亚洲走向世界，此时，"海淘"是摆在顺丰眼前的机会，"SFbuy"的上线是一个必然的选择。顺丰目前只能从价格和服务质量上突破，与电商合作。但开拓海外转运的目的是抢占先机，获取更大的利润。从这个角度上来说，从价格突破或者与电商合作长远来说都不是长久之计。

2. 海运板块发展关键点其实就是两点：速度+关税。前者取决于转运公司的实力（能否有好的仓位和折扣价格、内部流程顺畅等），后者取决于海关。对于海淘的消费者来说，其实前者有差异，但并不是决定性的因素，海运货物缴税概率的大小才是最终的决定性因素。转运公司如果在海关有较好的渠道与资源的话，会更大地吸引自己的客户群体。

三、讨论与思考

1. 顺丰海运"跨境寄递"业务是否属于跨境交付的服务贸易方式？请说明理由。

2. 海淘业务是否属于跨境交付的服务贸易方式？请说明理由。

3. 顺丰海运"代支付"业务是否属于跨境交付的服务贸易方式？请说明理由。

4. 在案例中，各大国外电商平台出售商品给境外消费者是否属于跨境交付的服务贸易方式？请说明理由。

5. 请联系实际说出属于物流快递方面的跨境交付服务贸易方式的例子。

案例二 "Wechat"的海外之路

一、案例介绍

用户从零到 1 亿,用了 14 个月的时间,从 1 亿到 2 亿仅用了不到半年的时间,2 亿到 3 亿用了 4 个月,时至今日,用户即将突破 9 亿。没错,这就是微信,是由国内网络巨头腾讯公司推出的一款专为智能手机免费提供的基于移动互联网模式下的即时通信应用程序。不管是借助什么样的渠道和方式,微信已经在国内掀起了热潮,有望成为第六大全球互联网平台。与此同时,在海外,腾讯也展开了相当大力度的宣传。2011 年 4 月,微信以英文名 Wechat 正式进入国际市场,同年 10 月,开始支持繁体中文语言界面,增加我国港、澳、台以及美、日五个地区的用户绑定手机号,加入英文语言界面;12 月则实现了支持全球 100 个国家的短信注册。在东南亚地区包括中国香港、中国台湾、新加坡、马来西亚、泰国、越南、印度尼西亚和印度的苹果 AppStore 和 Google Play 下载榜都分别排在前 20 名的位置,在中国台湾更一度是两个排行榜同时总排名第一。

日前,腾讯老总马化腾坦言,"腾讯目前只是在国内有很多用户和较高的知名度,但在国外没有多少人知道"。事实的确如此。

微信在国内雄霸 4 亿用户之时,高调推出国际化战略之后的微信海外用户却仅有 5000 万,其海外战略进展却不如意。

以日本为例,使用 Wechat 的人大多数是华人。据报道,对在日本工作的华人做了调研,结论是"不接地气"。比如,日本人非常警惕通过"搜索"找上门来的"朋友",对于 Look Around 功能,也就是在国内微信中类似"附近的人"这一功能十分排斥。比如,日本人没有 QQ 情结,对于 Wechat 从 QQ 移植过来的表情感觉非常奇怪;再比如,Wechat 没有游戏一说,在游戏产业风靡的日本,只能靠边站了。

韩国有 Kakao Talk,日本有 LINE,微信发力东南亚市场,对手强大。而微信国际化的关键在于进入欧美市场尤其是美国市场。

但是,想在美国占有一席之地,更难。

美国作为全球互联网科技创新的发源地，WhatsApp、Facebook Messenger 都是十分成熟的产品，尤其是面对拥有超过 10 亿用户的 Facebook，微信如何建立先进的产品认知？微信在产品功能上的新鲜价值如何复制到美国市场？还有，微信在国内有 QQ 的庞大用户群"背书"，但在美国显然没有背后的用户群，入口问题实在紧迫。

不仅如此，此前，中国大型互联网公司几乎没有进入美国市场的，因为面临从语言到数据安全顾虑等一系列的挑战。2012 年奥巴马政府公布的《隐私人权法案》，进一步约束互联网及移动互联网企业需要谨慎处理用户的隐私信息。可以想象，微信要获得美国用户的信赖，并非易事。

互联网的兴盛促成了"地球村"时代的到来，尽管沟通再无地理上的障碍，但是隔阂仍然存在，包括文化差异、用户沟通交流习惯不同、数据安全等一系列问题。Google 败走亚洲，在日本不及雅虎，在韩国输给 Naver；Facebook 席卷世界，却在巴西惨败给 Google 旗下几近放弃的社交网站 Orkut；盛大在纳斯达克上市 8 年，最终选择黯然退市……这些都是扩张型互联网企业在全球化视角下的战略困局。

在中国，除了阿里巴巴背靠国际贸易的市场环境走出国门之外，有实力将产品拿到国外市场的，百度算是第二个，微信是第三个。可遗憾的是，中国互联网企业"成功"迈向国际的模式还没有，微信只能"摸着石头过河"了。

延展小案例——微信已成旅日外国人长途电话

上海拜龙文化传媒有限公司（以下简称"拜龙传媒"）是国内最早一批专注微信营销的企业，尤其对海外营销特别重视。拜龙传媒员工陶某介绍了其在日本东京工作时关于微信的真实感受，日本有约 70 万的中国人，由于国际通信费用的昂贵，微信现在已基本成为在日国人与国内亲朋好友沟通的主要通信工具了。日本旅游局表示，每年来日本旅游的中国人大概为 100 万，很多日本的店铺里都有中文的菜单、中文的优惠信息等中文服务，日本商家最近也开始注重微信，利用微信公众号增加各种服务以及集客营销。陶某表示中国国内最大的微信群 V5 推推经常会开展一些关于微信的公益课程，企业商家以及个人一起研究如何利用好微信进行营销、做自媒体、做好服务，他也经常参与学习讨论。他介绍拜龙传媒曾于 3 月 22

日在东京开展了首次关于微信的公开讲课，此次课程是由拜龙传媒的东京支部主办，此次课程针对微信的发展历程、微信特点、微信营销、微信运营案例及微信未来发展趋势等话题，向对中国市场感兴趣的日本企业做了演讲。

到场的日企，包括了广告代理公司、投资公司、旅游公司、线上商家等企业和个人，都是以中国市场为中心业务的群体，另外还有地方政府旅游部门的相关人员。据了解，日本的旅游部门非常想利用微信让来日本旅游的中国人更方便地了解当地的旅游景点、美食餐饮、逛街购物等娱乐消费资讯，并表示有意在微信上设置对话服务中心，这样可以省去种类繁多的旅游导航手册，游客在下了飞机或是在等飞机时，还可以通过微信查看附近的免税店等服务。微信在旅游方面的应用将大大地改善游客的体验。

二、案例分析

从 2011 年 10 月推出微信英文版 Wechat 至今已六七个年头，虽然微信在国内的同类产品中已是所向无敌，但和 LINE、WhatsApp 相比，微信的国际化之路却步履蹒跚。LINE 的注册用户已经超过 4 亿（日本本土不到 1/4），WhatsApp 在被 Facebook 收购前已有 4.3 亿活跃用户，而微信在 2012 年 1 月份公布的数据中海外用户仅超过 7000 万。考虑到产品的资金投入和宣传力度，微信无疑是失败的。

（一）海外市场开发策略不合理

微信开拓国外市场以海外华人和留学生为切入点，希望借助这一市场逐渐扩大影响从而在国外市场占有一席之地。微信的一系列举措却不见效果，究其根本原因不外乎其营销不接地气。改变中国式的营销思维尤为重要，不接地气的营销终将被市场淘汰。

（二）产品再创新国外人不接受

虽然微信和 WhatsApp 有着不小的差别，在创新速度上也快于国外同类产品，究其本质却大同小异。西方用户对于本土产品固有的推崇和自信，并且 Facebook 推出的 Facebook Messenger 已经能够满足他们对即时通信的需要。LINE 推出的贴图功能深受用户喜欢，而微信里的动画表情难逃抄袭之嫌，虽然在国内大受欢迎，国外用户却不怎么接受，WhatsApp 和 Facebook Messenger 没有如此花哨却吸引了大量用户。国外用户相比于国内用户更注重实用，他们已经习惯了 Facebook 的社交方式，微信的社交理念相比来说也是换汤不换药。微信想要吸引国外用户，恐怕还要有更实用的创新。

（三）微信功能比对手烦杂

中国用户喜欢这种功能繁多的产品，也正是为了迎合中国用户的习惯，微信从单纯的聊天工具逐渐发展成为如今的"巨无霸"。然而微信进军国外市场时，却并没有把产品做过多的改变。相反，WhatsApp 却只专注于通信，所有的功能都和通信相关；同样 Skype 做了这么多年也没走出聊天的圈子；Facebook 也没有改变其社交网站的性质。微信这样"臃肿"的产品或许会受到部分华人的追捧，但终究不符合国外用户的习惯。微信用中国人的思维去做产品，忽略文化和用户行为的差异，把产品生硬地塞给海外用户，却不考虑他们是否愿意接受。反观进军中国的外国品牌，比如可口可乐和宝洁，却深谙入乡随俗的道理。无论是苹果还是谷歌，产品风格无不显露出简约的特点，微信这种大而全的产品在没有广大 QQ 用户的海外市场想有所作为恐怕并不容易。

三、讨论与思考

1. Wechat 业务是否属于跨境交付的服务贸易方式？请说明理由。

2. 旅日国人享受的 Wechat 业务是否属于跨境交付的服务贸易方式？请说明理由。

3. 日本企业对去日本旅游的中国人开展的 Wechat 相关营销业务是否属于跨境交付的服务贸易方式？请说明理由。

4. 在案例中，Wechat 业务在国外推广的广告业务是否属于跨境交付的服务贸易方式？请说明理由。

5. 联系实际列举出属于计算机信息服务方面的跨境交付服务贸易方式例子。

案例三　互联网金融两例
——ING 直销银行和 P2P 点融网

一、案例介绍

（一）ING 直销银行：美国曾经的第一互联网银行

自 1995 年全球首家以网络银行命名的金融机构"安全第一网络银行"（SFNB）在美国诞生以来，网络银行的数量和业务范围获得了飞速发展，其中荷兰国际集团（ING）旗下的网络银行 ING DIRECT 经营最为成功，其凭借全球化战略，成为世界最大的直销银行，存款规模 2000 亿欧元，占到 ING 集团存款的半壁江山。

1. ING 集团以直销银行打开海外零售银行业务。直销银行是以对公业务著称的荷兰 ING 集团拓展海外零售市场的重要手段。1997 年 4 月，ING 第一家直销银行在加拿大成立。1999 年，西班牙和澳大利亚陆续开立 ING 直销银行。之后法国和美国于 2000 年也开立了直销银行。2001 年，ING 直销银行在意大利和德国开立。2003 年，英国直销银行开立。2004 年，奥地利直销银行也开立。2008 年金融危机之前的 ING 直销银行总体是运营成功的，在当地银行业的零售业务份额提升显著。以加拿大直销银行为例，加拿大银行在 2001 年首度赢利（开业四年后），并直到现在也没有出现亏损。截至 2011 年，加拿大 ING DIRECT 有 178 万客户，超过 900 个雇员，380 亿加元资产。

ING 各国直销银行在 2008 年金融危机后出现了新的变化。ING 集团遭受金融危机的重创，开始收缩资产负债表和相应的业务，专注于欧元区。

ING 集团将欧洲大陆以外的美国、加拿大和英国直销银行已经出售给其他当地银行；将德国和奥地利的银行，与其他对公银行业务一起整合到 ING Diba；而法国、西班牙、意大利等其他地区的 ING Direct 也在整合当地的对公银行业务，从单纯的直销银行转为全产品银行。

2. ING Direct USA 的运营。ING 美国直销银行于 2000 年在美国设立，2002 年实现首次年度赢利。2008 年、2009 年因为不良率大幅上升连续两年亏损，2012 年出售给美国区域银行第一资本金融公司。在 ING Direct 的品牌下独立运营一年后，2013 年年初在"Capital One 360"品牌下运营。

ING 直销银行的目标客户是接受电话、网络等方式，受到良好教育，收入水平较好，对于价格敏感的客户群。ING 直销银行几乎不设立物理网点，而是通过网络运营，吸引对存款利率敏感、对互联网熟悉的用户。在资产端，从事操作简单、风险较低的住房按揭贷款，从而获得超过货币市场的回报，用以支持负债端的高利率。但总体来说，ING 直销银行走的是"薄利多销"的模式，低资产端收益、高负债端成本，使得其 NIM 要低于同行业水平。此外，ING 直销银行几乎不存在收费项目，这导致其中间业务收入几乎为零。

从产品角度看，ING 直销银行简化产品种类和服务过程，降低客户的个性化需求。如果客户要求增加，则会被 ING Direct 移出客户群，从而避免增加额外的运营成本。

针对直销渠道，ING 直销银行提供有限的产品选择；存在储蓄账户和支票账户，相互关联，可以方便提取现金；没有最低存款要求，不收取费用。

从提供产品和服务的渠道来看，ING 直销银行以互联网（网页＋手机移动终端）为主，线下少量咖啡馆（8 个左右）作为补充。咖啡馆里的店员可以提供咨询服务，主要是增强部分客户的现场体验。

（1）总资产扩张，存款份额最高时约占 1%。恰当的定位和薄利多销的模式，使得 ING 直销银行的资产规模快速扩张，到 2011 年年底，客户存款达到 830 亿美元，约占美国银行业的 1%。从阶段看，2000—2005 年是高速增长期，2006—2008 年是稳步增长期，2009—2011 年则步入了成熟期。

（2）开业第三年实现年度盈利，但金融危机期间出现大额亏损。在开业的第三年，ING 直销银行即实现了赢利，随后利润快速增长；但经营策略的失误导致其受到次贷危机和金融危机的牵连，2008 年、2009 年连续两年大额亏损。

（3）存款是主要资金来源，资金投向贷款和证券类投资存款占付息负债的 90% 以上，也是主要的资金来源。资产运用包括房屋贷款和证券投资，贷款约占到生息资产的一半。

（4）净资产收益率大大低于行业平均水平。我们发现，美国 ING 直销银行的 ROE 水平远远低于美国银行业的平均水平，对此我们进行了分析，主要原因：低利率贷款、低存贷比以及高付息率，导致 NIM 低于行业平均；不对客户收取额外费用，非息收入几乎为零；资本充足率超过 20%，财务杠杆较低。

直销银行的贷款结构更加单一，分散风险的能力较差，公司保留了较多的资本，这也使得银行的杠杆优势难以发挥，净资产收益率持续低于6%，这也低于同时期的行业平均水平。

2013 年 9 月 18 日，中国北京银行也宣布与其境外战略合作伙伴荷兰 ING 集团联手推出中国第一家直销银行，在互联网金融的背景下开启了中国直销银行的新时代。在服务流程上，使用北京银行直销银行的客户，业务全流程办理可自助在线完成，客户可以完全掌握业务处理进度和时间。银行呼叫中心会在客户操作遇到疑问时以多种形式为客户提供及时的后台支持服务。直销银行的服务目标就是要让曾经专业化的金融服务变成可由客户自行搞定的普通服务。

（二）P2P 点融网：做中国版 Lending Club

2012 年 10 月，在上海外滩旁边的一间小办公室里，一家 P2P 平台悄然成立。它名叫点融网，创始人是苏海德（Soul Htite）和郭宇航，他们想把全球 P2P 行业的鼻祖 Lending Club 模式带到中国。

他们有自己的底气，苏海德就是 Lending Club 的联合创始人和技术总裁。

2007 年，苏海德与证券律师 Renaud Laplanche 共同创立了 Lending Club，在 Facebook 上线"合作性的 P2P 贷款服务"，即根据借款人资信情况决定利率：信用优秀的借款人能拿到比银行更低的利率，而信用不良的借款人则需承担更高的利率。

此后，Lending Club 开始全球扩张，并选择在印度、德国、巴西等国家建立分公司，也在此时，苏海德把目光瞄向了中国。在苏海德决定来中国之前，德国、巴西、印度、中国都有人邀请他前往当地复制 Lending Club 模式。

他经过考察后发现，在印度，法律并不支持这个行业，没有规定一个人借了钱必须要还，巴西互联网的发展相对落后，而技术能带给德国市场的革命性变化远低于中国。苏海德说："中国有好的互联网、法律、第三方支付公司，但贷款利率非常高。这里有优质的贷款人，这里机会巨大。"

2013年3月，点融网正式上线，从事P2P网络借贷业务。当时，大多数P2P平台的投资项目都是散标项目，即把信审通过的借款项目放在平台上，由投资人自行选择。如果投资人风控意识不强，P2P平台又不承诺本息对付，万一项目出了问题，投资人只能自己承担后果。

苏海德发现，多数投资人都不会主动地分散投资以降低风险，他决定做一个智能的投标项目，自动实现"金融资产碎片化"：通过资金极度分散、众人风险共担的方式，有效规避坏账风险。

这种模式背后有极其复杂的算法。据苏海德介绍，其运算方式和纳斯达克交易所一样，只不过纳斯达克是交易股权，而该模式是交易债券，其中包含大量的债权转让。

事实上，点融网的野心并不止于此。苏海德希望联合银行等传统金融机构打造一个"明日银行"。苏海德说："也许10年后，年轻人不再有银行卡，而只有一个虚拟账户，这就是'明日银行'的体现之一。P2P的本质在于利用互联网技术创新提高客户获得金融服务的能力。"

1. 在中国复制Lending Club模式。没人会否认，苏海德是P2P行业的"老前辈"。他从2009年开始频繁前往中国，那时候，他在中国香港创立了一家软件公司，给Lending Club做技术外包。

2011年，一次美国之行中，郭宇航通过旧金山的朋友介绍认识了苏海德，这次相识也促使郭宇航成为点融网联合创始人。

郭宇航毕业于华东政法大学，主修国际经济法，法学学士，曾任职于英国西蒙斯律师行，2001年加入上海市白玉兰律师事务所。2009年，他进入PE/VC行业，2011年，做过特有威领"新三板"投资基金执行事务合伙人。

在美国旧金山一家叫"My China"的中国餐厅，苏、郭二人第一次聊起把Lending Club模式带到中国这个设想。苏海德问郭宇航，这种模式在中国有没有机会？当时的郭宇航表示很困难。身为律师，他对这种没有监管、没有明确法规的创业模式存有很大的疑虑。

不过，看到中国金融环境的困难及不足后，苏海德更加坚定了在中国复制Lending Club的想法。用苏海德的话说，中国市场可能会诞生一个更大的 Lending Club。他邀请郭宇航去 Lending Club 旧金山办公室参观，两周观察学习之后，郭宇航认为这种模式可以在中国尝试下。

从某种程度上来说，P2P 也是一种打破信息不对称、改变金融中不公平现象的方式。郭宇航说："高利贷都是因为信息不对称，看过 Lending Club 的模式后，我发现互联网能解决这个问题，使高利贷消失，而且中国小微借贷需求巨大，而传统金融机构僵化的体制和模式并没有服务好这个群体。"

彼时，第三方支付开始正式获得监管部门认可，这让他们找到了回避在国内做 P2P 被认定为非法集资法律风险的方法，即通过第三方支付公司这样的执牌机构来进行 P2P 资金的汇集和流转，平台只做交易信息的撮合。

点融网刚上线时，业务主要集中在小微企业服务上，2011 年 11 月，他们把重点转向个人无抵押消费信贷。"这个市场经过多年的培育，产品和客户群相对比较清晰。这类产品在去年快速增长，我们的业务超过一半都来自于个人信用无抵押贷款。"点融网负责人说。

2. 让金融资产碎片化。

通俗地讲，点融网采取和 Lending Club 一样的风控定价模式，即先找到借款人，对借款人进行严格风控，待借款人的信息审批通过放到平台上后，投资人再来选择借款项目进行投资。苏海德介绍，整个过程完全透明，资金不进入点融网的账户，没有资金沉淀。

2014 年 6 月，点融网开发出了智能的投标项目"团团赚"，起投门槛是 100 元。投资人能借此投资当时正在募资的债权份额，还能按比例购买该"团"历史上所有的债权、未来进入该"团"的所有债权份额。最多的一款"团"产品中共包含 6000 个借款项目，假如投资人投资 600 元，那么每个项目被分散到的投资金额仅为 0.1 元。

开鑫贷总经理周治翰说："这种模式的优势是通过小额、分散的方式降低投资风险，即使个别项目出现亏损，也可以通过其他项目的收益弥补损失，保证投资收益是正的，而劣势是在投资前无法看到资金投向，无法判断风险，另外期限、收益率较固定，缺少灵活性。"

目前，小微企业在点融网的借款年化利率为百分之十几，个人无抵押贷款利率为百分之二十几，点融网收取的手续费为 2～7 个点不等，投资人拿到的年化收益在 7%～12% 之间。除了覆盖运营成本之外，点融网还从中提取很大一部分构成风险备付金。不同产品采用不同的拨备比例：比如小微抵押类贷款利率低，坏账率也低，相应地拨备比例就低；个人无抵押贷款利率高，坏账率也高一些，拨备则更高。

3. 资金跨境流通是难题。

郭宇航称：“经过前两年的积淀，在夯实风控模式、运营方式等基础后，今年，点融网将加快发展速度。”

点融网的融资速度也很快。2013年11月，点融网获北极光创投千万美元的A轮投资；2014年10月，新鸿基有限公司宣布战略投资点融网；同年11月，"红筹之父"梁伯韬以个人身份投资点融网，并加入点融网董事会。

梁伯韬曾表示，互联网金融的本质还是金融，其关键在于不断地创新产品、更好地服务客户，以及强化风控管理，这些需要依赖强大的公司团队和技术积累。他很看好具有 Lending Club 基因的点融网。

2015年1月，点融网获得老虎基金的投资。同年8月，点融网又获得C轮融资2.07亿美元。投资方渣打银行、渤海租赁、中国互联网金融科技基金（CFF），全部都有传统金融机构背景。

融资后，这笔钱怎么花？苏海德说，将进一步增加技术投入，包括在之后的18个月里招聘25000名员工，进一步完善技术平台和交易系统，等等。

苏海德透露，点融网还在筹划进军海外市场。"未来会在中国以外开设办事机构，把点融的技术能力和P2P业务模式往国外延伸，第一站会考虑进军香港和新加坡市场。"

某种程度上，与国内体量巨大的网贷行业不同，海外市场小而优质。其中，新加坡是最具有吸引力的国外市场。它距离中国较近，与中国人文环境较为相同，并且具有良好的征信系统基础，这对于国内网贷平台来说，需要克服的困难相对较少。

目前，国内已有多家平台涉足海外市场，比如新联在线。据其官网显示，新联在线于2013年在新加坡和中国台湾地区设立了分支机构，开展P2P业务。

P2P平台布局海外或将成为一个趋势，但是在其海外业务的实际操作过程中，也难免暴露诸多不足，资金的跨境流通就是P2P平台发展海外市场的一个重大阻碍，对点融网来说，亦如此。而且海外运营经验是否足够、对当地市场了解是否深入,这都是苏、郭二人需要面对的问题。

二、案例分析

所谓直销银行,是指业务拓展不以柜台为基础,打破时间、地域、网点等限制,主要通过电子渠道提供金融产品和服务的银行经营模式和客户开发模式。在世界范围内,直销银行最早可以追溯到 1965 年在德国法兰克福成立的"储蓄与财富银行(BSV)",现在欧洲也是全球最大的直销银行机构——ING-Diba。

ING DIRECT 通常是排在目标国家市场的首位直销银行,三年左右即实现盈亏平衡。ING DIRECT 盈利模式并不是欧美银行主流的非利差收入,它主要的盈利来源于利差收入。它采取的是"高买低卖"的方式,即以高利率吸纳存款,而以低利率发放贷款,由于 ING DIRECT 主要通过网络和电话服务客户,因此有较低的获客成本和管理成本,低成本使其可以承担相对较低的利差。

荷兰 ING 集团在美国的直销银行,主要通过以下五个方面提供全面的互联网直销金融服务。

(一)通过网上自助服务满足客户需求

直销银行的核心优势是网络渠道取代物理网点实现成本节约,包括以低成本系统自助服务代替昂贵的人工服务,这种成本节约使直销银行在比传统银行利差低的情况下实现相当的回报。

(二)线下咖啡馆支持线上业务

ING DIRECT 以网上服务为主,同时提供 7×24 小时电话服务和实时网上聊天服务。尽管如此,ING DIRECT 在一些重要城市设立具有理财顾问功能的咖啡馆,为客户提供线下的面对面的金融服务。

(三)提供简单、标准化的银行产品

ING DIRECT 通过简化产品种类和销售过程,使银行的服务变得简单。ING DIRECT 的产品策略主要包括:通过网络渠道提供有限的产品选择,使有限的产品集中在储蓄产品和贷款产品,从而便于客户尝试,将 ING

DIRECT 作为附加账户，不取代客户的现有账户；通过账户关联，即时从活期账户中获取资金，如果需要，可通过快递给客户寄送支票；专注于简单的自助银行产品，为客户提供数种不同的共同基金，由客户独立选择和管理。

（四）形成清晰的客户定位

创造一个稳定的储蓄客户群体是所有银行最为基础的任务，而主要依赖网络渠道的 ING DIRECT 应该有不同于传统银行的客户定位，即专注服务于特定客户群，而不是与传统银行进行全面、盲目竞争。

（五）快速重新定价、限制期限错配

由于主要通过互联网渠道经营，ING DIRECT 在风险控制方面主要依赖客户的财务类硬信息，很少用到客户个人品质、企业公司治理等软信息，这也是其只提供有限的标准化产品的原因。

所谓 P2P 网络借贷平台，是 P2P 借贷与网络借贷相结合的金融服务网站。P2P 借贷是 Peer to Peer Lending 的缩写，peer 是个人的意思。网络借贷指的是借贷过程中，资料与资金、合同、手续等全部通过网络实现，它是随着互联网的发展和民间借贷的兴起而发展起来的一种新的金融模式，这也是未来金融服务的发展趋势。P2P 网络借贷平台分为两个产品，一个是投资理财，一个是贷款，都是在网上实现的。

点融网是一家中国知名的本土 P2P 平台，由全球最大的 P2P 公司 Lending Club 的创始人和技术总裁苏海德（注：另一联合创始人为资深金融法律师郭宇航）在上海创办，为中国的中小企业提供贷款服务。和其他竞争对手不同，点融网搭建了一个透明、公平的交易平台，不做资金池，不赚取利差，只收取交易的服务费。此外，和 Lending Club 类似的是，点融网对每一笔贷款进行严格的信用审查和风险控制。

其平台优势来自世界最大借贷平台的顶尖科技，国资背景的强大合作支持，基于 100 多个风险模型和 50 多条反欺诈检测的专业验证工具，多名国际知名业界高管联合组建的资深管理团队。

针对借款人：优惠低息，利率低至 9.49%；简单快捷，坐在家中即可申请；审批高效，审批时间通常为 1~3 个工作日；放款迅速，提供海量投资人作为融资来源。

针对投资人：本金保障，对投资人提供 100% 本金保障机制；手续费低，平台免充值费，仅向投资人收取极低的平台管理费用；安全透明，投资项目都通过平台严格验证，投资人可以即时查看账户收益；方便快捷，提供自动投标工具和投资组合推荐，让投资更省心。

三、讨论与思考

1. 荷兰 ING 集团在美国的直销银行业务是否属于跨境交付的服务贸易方式？请说明理由。

2. 北京银行与荷兰 ING 集团合作的直销银行业务是否属于跨境交付的服务贸易方式？请说明理由。

3. Lending Club 中国版的 P2P 点融网业务是否属于跨境交付的服务贸易方式？请说明理由。

4. P2P 点融网未来在国外推广的 P2P 业务是否属于跨境交付的服务贸易方式？请说明理由。

5. 联系实际举出属于金融服务方面的跨境交付服务贸易方式的例子。

第十章 境外消费

章前导读

境外消费（Consumption Abroad）指服务提供者在一成员方的领土内，向来自另一成员方的消费者提供服务的方式，如中国公民在其他国家短期居留期间，享受国外的医疗服务。其中，服务的提供者不移动，但消费者移动。

案例

案例一 韩国整容旅游解密

一、案例介绍

为了进一步了解赴韩整形的现状，2015年5月，记者说明先后采访了复旦大学附属华山医院整形科主任穆雄铮以及韩国正规整形医院院长。让他们揭开韩国整容业的神秘面纱，还原一个真实的业态。

（一）韩国整形火，多亏了宣传

6年前，穆雄铮主任曾代表中国赴韩交流整形技术，如今身为博士生导师的他，班上也有不少来自韩国的留学生，对于韩国整形业，他还是颇有研究的。"韩国整形业的兴起也不过是近几年的事儿。"穆主任告诉记者，相比中国的整形科医生，韩国医生很愿意在宣传上花钱，借由潮流文化、明星造势是他们普遍选择的一条路，"某电视剧的女主角漂亮吧？是在我们医院整的，快来吧！"

于是，在韩剧、"韩综"如此红火的今天，韩国整形业自然而然被带动了起来。"其实，真要说整形技术，中国医师完全不比韩国差。只是国内的消费者已然被洗了脑：韩国整形一定是好的。"穆主任告诉记者，不管是中国、韩国，还是日本，其实都师出西方国家。

（二）旅游整形风险大

穆主任坦言，早在3年前，国际美容协会就曾严令禁止"旅游整形"。当时，有3个国家被发出"黄牌警告"，它们分别是巴西、泰国和韩国。"巴西和泰国的情况比较相似，整形手术价格低，廉价材料横行市场，技术也不过关。不同的是，巴西整形的大多是欧美人，泰国的客源则大多是亚洲人。韩国稍显特别，相比另外两个国家，韩国整形技术要高出不少，只是随处可见的黑中介、杂牌医毁了这一锅粥。"美容协会之所以会发出警示，还因为"旅游整形"风险之大。首先，语言不通很可能造成沟通不顺畅，"我想把下巴往外翘一点，对方以为是把下巴拉长；我想把鼻子垫高，鼻头不动，对方整个换了个鼻子……"其次，当地的审美未必符合中国人的眼光。就拿韩国为例，眼角下垂楚楚可怜的"小狗相"，和中国盛产的"蛇蝎脸"实在相差太远。最后，整形的效果往往要等伤口消肿后才得以显现，一般这时患者都已回到国内，事后维权又是难上加难。

（三）韩外科医生跳槽做整形医生

说到黑中介和杂牌医，他们是一种相互依存的关系。据统计，韩国其实只有2000名具有"整形外科专门医"资质认证的整形医生，而另一部分则属于非专门科的整形医生。

一些无良的中介为了求得优惠的价格，往往撇开正规军，转而寻找这些杂牌军建立合作，骗取中国患者的钱财。"我听说，有不少妇产科、儿科的医生都转去做整形医生了，因为好赚呀。要知道，这些杂牌军可能连整形手术的基本常识都不懂，闯祸了，都不知道该如何处理。这就出现了整形患者死在手术台上的可怕案例。"穆主任说。

穆主任表示，正因如此，在韩国，整形正规军和杂牌军的矛盾也日益冲突。

韩国整形科代表穆主任认为可以从以下两方面来区分整形正规军和杂

牌军：

第一步，考察整形医院及院长资质。韩国整形医院的朴相薰院长告诉记者，在韩国，正规的整形医生需要具备韩国国内的行医资格证书。"在韩国，要成为一名真正的整形外科医生，要取得医师证书和执业证书，需要6年的医科专业，4年的专业技能学习，2年的专业医院实习，其间需要经历5次重要考核，培养年限在12～14年以上。并且所在的医院还需要申请'外国患者接待证书'，才可以接待来自国外的患者。"朴院长建议，国外的患者在通过网络搜索医院官方网站的时候，可以通过官网院长的介绍来了解院长的简历。选择标注整形外科专业医师时，如果仅仅是标注专家而没有任何诊疗项目的前缀，通常情况下100%是非整形外科专家。

第二步，避免黑中介浑水摸鱼。在韩国整形业，有着一个潜规则——韩国整形医院的价格可分为四种：韩国价格、中国价格、含佣金价格和中介哄抬价格。

韩国医院服务中国客人成本会有增加，包括雇用中文室长和相关服务人员，要在中国的网络和媒体上进行宣传，所以即使是同样的手术，服务中国客人的成本也会更高。在这基础上，由中介和翻译带着前往医院，医院都会按行规支付一部分比例的中介费。这个中介费的比例会因人、因医院而异。最可怕的还数"中介哄抬价格"，中介在拓展客户时，一旦发现想去韩国整形的人并不知道韩国整形医院的行情，就会巧立各种名目，从患者身上讹钱。"建议直接到医院的官网进行预约，或不通过中介直接到医院前台进行咨询。如果你已经跟医院预约好，那么医院就会认为你是直接客户，即使后面有翻译或中介陪你去医院，他们也拿不到提成。"

（四）跨国整形失败维权何其难

遭遇医疗整形失败，一般有三种维权途径：一是与韩国医院进行协商；二是向韩国的医疗纠纷调解仲裁院提交仲裁申请；三是向国内或者韩国的法院提起诉讼，寻求赔偿。但这三条维权之路，每一条都困难重重。

理论上最简单的途径是与医院进行协商，一对一地谈赔偿或者修复。几乎所有的受害者都走过这条路，真正能皆大欢喜的却寥寥无几。韩国医院方面一般是不会承认手术失败的，即使从外观上看明显出现歪斜、不对称，医院还是坚称手术没有问题。

协商不成，只能依靠第三方力量的介入，仲裁和诉讼都是备选项。韩国设有医疗纠纷调解仲裁院,该仲裁院以特殊法人的方式成立,具备准司法机构的调解功能和鉴定功能,目的是快速处理医疗事故,为整形失败者提供仲裁救济,但仲裁必须在韩国进行。韩国的仲裁程序有一个限制启动条件,即需要医院方面同意才行。事实上,连协商都拒绝的医院,在接到仲裁院的法律函件之后,往往是嗤之以鼻,然后束之高阁。

诉讼可以选择在中韩两国提起,根据侵权行为地原则,如果整形失败者的损害后果发生在国内的话,可以在国内起诉。然而尽管在国内起诉的胜算比在韩国大得多,但真正选择国内起诉的人并不多。因为涉外案件的诉讼效果不仅要看判决,还要看执行。受害者拿着中国判决去韩国获得执行的可能性非常低。接着去韩国起诉,抛开漫长的时间成本和高昂的诉讼费用,证据才是挡在整形失败者诉讼道路上的最大障碍。事实证明,大多的整形患者在旅游整形维权中处于弱势地位。

二、案例分析

医疗旅游(Medical Tourism)是以医疗护理、疾病与健康、康复与修养为主题的旅游服务。医疗旅游被公认为是一项高收益的专项细分市场,医疗游客愿意在目的地停留更长时间,其消费也更高。因此,各国也在极力发展具有自己特色的医疗旅游。整容旅游是其中的一种。

整容旅游是指以整容美容为目的的出国旅游,把传统的旅游观光项目与做整容手术结合在一起,打着"享受美丽风光,同时让自己变得美丽"的口号,吸引爱美的女性,许多女性也把出国"美容旅游"作为犒劳自己一年辛苦的最好方式。一些国外的整容旅游代理机构,为了获得商业利益,也瞄准了中国这个巨大的市场,为中国的旅行社设计了多种多样的线路。

但是还有其他很多风险:

1. 外出旅游长时间的乘车、乘机不利于血液循环,增加了肺栓塞和血栓形成的风险。

2. 到国外完成整形美容手术,由于语言上的障碍和交流困难等原因,不能够和手术医生充分讨论有关手术具体细节,易导致手术效果和自己的期望相差甚远。

3. 由于对国外的美容整形机构,特别是患者要接受治疗的美容整形机构缺乏了解，因此不能保证实施手术的医生是有资质的、经验丰富的，手术设施和设备是安全合格的，如出现手术并发症，后果将可能无法挽回。

4. 手术后的恢复有明显的个体差异，如果出现手术并发症，恢复时间可能会更长。但"美容旅游"在各个环节的时间安排上相对固定，所以难以保证术后恢复顺利完成。此外，如出现并发症由谁来完成修复性手术，术后的康复由谁来指导等都受到限制。

5. 并发症的处理和修复性手术将增加患者的经济负担。"美容旅游"结束后返回原驻地，当地的医生不了解受术者接受手术的详细情况，修复手术极为困难甚至无法完成，受术者很难得到期望的效果。最近国外有关研究发现，在"美容旅游"完成的美容外科手术，其并发症的发生率明显增加，感染是其中最常见的并发症。其他如血肿、手术效果不满意等都明显增加。

三、讨论与思考

1. 中国人赴韩整容旅游是否属于境外消费的服务贸易方式？请说明理由。

2. 韩国整形医院提供给中国游客整容服务是否属于境外消费的服务贸易方式？请说明理由。

3. 中国旅客享受的黑中介提供的韩国整容旅游业务是否属于境外消费的服务贸易方式？请说明理由。

4. 在案例中整容纠纷中国旅客在韩国提出诉讼是否属于跨境消费的服务贸易方式？请说明理由。

5. 请联系实际说出属于境外医疗消费方面的境外消费服务贸易方式的例子。

案例二 中国出国留学热

一、案例介绍

随着中国经济的发展，国民对教育的需求也越来越大。中国青少年研究中心于 2012 年 4 月 10 日发布的调查显示,有 70.1% 的中国高中生对出国留学感兴趣,略少于韩国(70.8%),而多于美国(66.9%)和日本(61.0%)。近 8 成(79.9%)中国父母赞成孩子出国留学,分别较韩国和日本、美国高出 28.2%、22.9% 和 22.3%。

(一)贸易方式

教育服务贸易有四种方式,目前世界各国的教育服务贸易主要集中在高等教育的境外消费方面。我国以境外消费的方式进行教育服务贸易尤其是高等教育服务已连续多年位居世界第一,据中国留学生网的数据显示,历年海外学习的留学生 250 万人中,中国向世界各国输送的留学生就达到 13% 的比例,约为 32.5 万人。而根据我国教育部的官方统计数据,仅 2010 年以各种方式来中国学习的在校外国留学生总数就达到了 11.7 万余名,分布在全国 31 个地区的高等学校和科研院所,其中绝大多数是接受短期的中文语言培训。

自教育部相继颁布了《中华人民共和国中外合作办学条例》和《高等学校境外办学暂行管理办法》后,中外合作办学活动得到了进一步规范,不仅促进了国外教育机构进入中国市场,也极大地推动了我国教育机构冲出国门。近几年国内各种形式的中外合作办学机构和项目已超过了 1300 个,国内包括北京语言大学、上海交通大学在内的很多高校也与韩国、新加坡、德国、英国、瑞典、挪威等国家的当地教育机构合作建立了教学网店。另外以教师自然人流动的方式进行的教育服务贸易也得到了极大的发展,2010 年,教育部直属高等学校聘请的长期、短期外籍教师有 11287 人次,中国在 51 个国家和地区设立共 120 所孔子学院,在 42 个国家和地区共设立 244 个汉语水平考试(HSK)考点,参加考试人数达到 7.3 万人。有 143 名国家公派汉语教师在 80 个国家和地区任教,还向 35 个国家和地区派出汉语教师志愿者 1050 名。

(二)空间分布

在中国青少年研究中心发布的数据中,可以发现,中国有 43.6% 的高中生选择了美国作为首选留学目的国,接受世界各国留学生高达 23% 的美国,每年约接纳 22000 名中国留学生。2010 年美国共签发了近 10 万个中国留学生以及交流访问学者签证,比 2009 年增长了近 30%。而拥有著名学府剑桥大学、牛津大学的英国是中国留学生的第二选择,前往英国留学的中国留学生数量正逐年增加,每年大约有2万中国留学生赴英留学。据英国大使馆文化教育处的统计,目前中国有超过9万名学生在英学习,是英国国际学生的第一大生源国。而位居第三的日本在所接受的外国留学生当中,中国留学生占据了60.2%。而我国留学生生源输入主要源于亚洲和欧洲,其次是非洲、美洲、大洋洲,可以看出中国教育贸易具有空间上的严重不对称性,即生源输入与生源输出分布不对称。

(三) 专业选择

在留学专业选择上,中国留学生普遍的选择都是商务管理或者语言类,而根据上海《文汇报》报道,"与近年来扩张的留学生相比,中国留学生的专业选择已经'分流'"。美国、英国、澳大利亚等国的领馆官员也纷纷提及,尽管"商科"仍然是中国留学生的"心头好",但是很多学生和家长都开始根据个人兴趣、特长、留学国家的优势等,来选择其他留学专业。从美国大使馆新闻文化处提供的数据显示,近年来,美国最受国际学生欢迎的研究领域除了商科即商务管理之外,还有工程学、数学与计算机科学、自然与生命科学、社会科学、实用艺术等。目前中国共有近600所高校具有招收留学生的资格,而来中国学习的留学生以文科类为主,主要是学习汉语,其次是医学类专业;近年来经济类法律、管理类、理工类等学科领域也受到很多外国留学生的青睐。

(四) 留学动机目的

据调查,开阔视野、提高外语水平是中国高中生留学的主要动因,其中为开阔视野而出国的有87.3%,为提高外语水平而留学的有67.2%。在对中、日、美、韩四国高中生的调查中,中国留学生为寻求更好的教育环境而出国留学较其他三国突出,77.6%的中国高中生为寻求更好的教育环境而出国留学,因国内升学压力大而想出国留学的中国高中生占30.5%,也多于其他三国。在留学目标上,有44.6%的中国留学生是为了获得学位,其次是获取专业资格(22.8%)和学习语言(22.4%)。全球经济的发展和社会就业压力的增大,使得越来越多的同学倾向于扩展知识构造,留学深造以提高自身综合竞争力。

二、案例分析

国际教育服务贸易指世界各国（地区）之间进行的商品交换活动以服务的形式在教育领域中的反映，也可看作国家（地区）之间相互提供作为教育活动服务的特殊作用的价值。国际学术界对现代国际教育服务贸易的界定是：这种贸易在实践中表现为以留学生为主要标志，兼有教育产品或教育物资进口与出口的服务贸易的一种。

我国高校教育服务贸易发展面临的问题有：来华留学生生源范围狭窄，教育层次偏低；来华留学生规模较小，国际化程度较低。国内教育服务专业学科要素禀赋和优势分布不均衡，学科优势开发不够。国内教育经费不足，保障、奖励制度不完善。高校留学教育贸易相关政策保障不尽完善。我国高校自身缺乏发展对外留学教育的主动性和积极性，缺乏教育服务市场的竞争观。我国教育事业市场化水平较低。

促进我国教育服务贸易发展的对策主要有：提高高校教育服务市场化与产业化发展意识；加大宣传力度，加快推进我国教育服务的国际化；发挥比较优势，在加强特色专业发展的同时，积极培养其他优秀专业；政府加大支持力度，扩充教育经费来源，有效减轻留学生的经济负担；完善针对外来留学生的医疗保险制度。

三、讨论与思考

1. 中国人出国留学是否属于境外消费的服务贸易方式？请说明理由。
2. 外国人来华留学是否属于境外消费的服务贸易方式？请说明理由。
3. 中国在世界各地的孔子学院的汉语公派教师教授汉语是否属于境外消费的服务贸易方式？请说明理由。
4. 请联系实际说出属于境外教育方面的境外消费服务贸易方式的例子。

案例三　去巴西看世界杯

一、案例介绍

对于球迷来讲，能够亲临世界杯赛场，为自己支持的球队摇旗呐喊，自然是一桩比守在电视机前看转播更刺激、更疯狂的事情。于是，世界杯赛事期间的旅游路线，也成为很多球迷关注的话题。

巴西旅游部近期颁布的数据显示，巴西足球世界杯期间，该国将迎来约60万外国游客。这60万游客当中，会有多少是中国球迷游客呢？笔者身边也不乏酷爱足球的朋友，当问其是否会在世界杯期间去巴西旅游看比赛时，答案基本一致——"去不起呀！"

到底有多贵？笔者查看了几家旅行社的报价，观看开幕式的旅行团价格最低，基本在6万元左右，而如果想观看一场半决赛，12天的观赛旅行团报价都在10万元以上。如此高昂的价格，自然让很多想去观赛的球迷望而却步。

其实，常规时间赴巴西旅游的价格并不像世界杯期间这么高得离谱。

观赛旅游线路开发是关键。五洲行国际旅行社世界杯线路负责人侯晓光告诉《中国新时代》记者，他们从2002年开始做巴西旅游线路，11天行程的报价是22000～23000元，大概2个月能够组成一个10人左右的团出行；到2006年开始价格有所上涨，变成3万元左右，一年大概有150人前往巴西旅游；近两年，11天的价格是36000～37000元，但15天的价格涨到了近5万元。"世界杯期间巴西旅游线路价格出现暴涨，这也是正常的。因为仅仅住宿一项就花费巨大，由于巴西酒店较少，普通时间，巴西当地酒店一间房是800元左右，而到世界杯期间，价格涨到了4000元。更不用说餐饮等方面。"

其实，关于巴西世界杯基础设施缺乏早已见诸报端。国际足联前秘书长瓦尔克在不久前于瑞士苏黎世的一个发布会上就专门提醒球迷，一定要对巴西基础设施的缺乏做好充足准备。目前，有100人左右在五洲行报名参加巴西世界杯观赛团，其中观看半决赛和决赛的人数占了两个团。

"除了当地住宿、出行成本增长外,影响客人去不成巴西观赛旅游的另一原因是距离中国太远。长达二十四五个小时的飞行时间,并不是很多客人都愿意把太多的时间浪费在飞机上,尤其一些高端客人,他们对时间更看重。"中青旅耀悦旅行产品经理宋轩向《中国新时代》记者说道。

耀悦旅行是中青旅于2016年3月28日推出的专门负责高端旅行的机构,为客户提供私人订制旅行线路。据了解,他们推出的8日巴西世界杯揭幕战观赛之旅价格是13万元,15日的世界杯巅峰战之旅(两场半决赛+冠亚军决赛)价格则高达39.8万元,服务涉及商务座观赛、豪华邮轮入住、国际足联统一调度用车等高端礼遇及景点旅游等。

当记者询问如此高昂的价格,是否有人愿意埋单时,宋轩表示:"这个品牌发布时间不长,因为渠道、推广等局限性问题,世界杯旅游线路知名度并不是很高,现在仍处于培养期。截至目前,已有20人左右在我们这里预订了巴西观赛旅行服务。"

记者了解到,在北京市场,并非所有的旅行社都开发了巴西世界杯观赛旅游线路。宋轩指出,做世界杯旅游线路,必须有精准的客户群才能做产品推广,如果直接在大众市场做推广,销售情况估计不会很好。即使有对外推广的渠道和版面,但因为这个资源也要产生费用,因此不少旅行社更愿意做一些上线后能产生更大预订量、收益量的产品。"像世界杯这种小众产品放到大众市场推广,肯定不是很划算。"

而侯晓光直言道,在北京市场,也就5家旅行社真正在做巴西世界杯旅行线路。"虽然有不少旅行社在卖这些线路,但是在后台操作的也就5家而已。"

记者了解到,国内旅行社做巴西世界杯旅行产品基本有两种方式:一是跟国际足联在中国指定的国内唯一门票代销商——盛开国际合作。盛开国际得到国际足联授权售票,不仅控制了正常门票,还控制了当地的地接资源,统一做分销;二是跟一些世界杯赞助商合作取得门票,这些赞助商通过多种渠道将门票分发到大的批发商手里。在成本上,官方渠道的票价要高一些。

耀悦的巴西世界杯观赛旅行线路就是与盛开国际合作的。而宋轩也透露,如果客户对门票座位等服务没有太多要求,他们也会从赞助商那里采购一些比较便宜的票,提供给客户。

"无论是普通的参团赴巴西观赛旅游,还是我们这种订制类的高端观赛旅游服务，前往的客人都不会太多。因为价钱和时间的原因，与上届南非世界杯甚至之前的日韩世界杯相比，人数会少很多。"宋轩说道。

据了解，南非世界杯期间，五洲行接待了1 500多人的观赛旅行客人，而中青旅仅接待的一个企业商务订单，就有好几百人。

"作为旅游行业的人，我们看好世界杯之类的大型赛事，尤其在如今公务旅游团数量急剧下降，旅行社生意不好做时，我们更需要借着世界杯赛事来开拓新的市场增长点。"侯晓光指出，2016年整个六七月份，他们基本都会把重心放在巴西世界杯线路上，估计期间的收益能占到全年的20%。但与往年同期赴南美旅游相比，整体收入也不会增加太多。"我们更看重的是这次世界杯观赛旅游，能够带动南美市场的旅游。之前的南非世界杯就是一个比较成功的案例。当然，并不是说，在世界杯结束之后，赴南美旅游的人数会一下增加很多，这将是一个循序渐进的过程。"侯晓光说。

宋轩也指出，因为性价比的原因，南美巴西世界杯在整个旅游市场的利润增长中，占比并不会像外界想象的那么大。"在高端旅游中，大概占20%左右；而在整个大众旅游市场中，世界杯旅游的收入基本可以忽略不计。但是并不是说旅行社就要放弃这块市场。"

从整体看，这届世界杯对旅游行业在旅游环境和产品结构的影响不是太大。但从微观看，南美这个线路会随着世界杯的举行，变得逐渐成熟。巴西世界杯能让更多的人对巴西、阿根廷等国家的旅游认识更多一些，等于在做市场推广。

在巴西世界杯之前，南美旅行线路仅处于起步阶段。虽然已有很多客人去南美旅行，但线路的知名度、成熟度及地接资源等相对来讲依然缺乏。巴西世界杯观赛旅行线路的推广，会给这个区域带来中国客流的增长，中国在这个地区的旅游资源也会更加成熟一些，无论是组团社还是地接方面。

宋轩向记者透露，借着这次世界杯旅游线路的市场推广，他们还会继续推出南美的常规旅游产品，甚至挖掘一些跟团游尚未涉及的深度目的地，做一些多元化开发，以赢得中国客人的旅行兴趣。

二、案例分析

"体育旅游"是指以体育资源为依托，开发体育旅游产品，即体育性旅游，一方面，以体育资源为依托开发旅游产品，以体育活动带动旅游活动的开展；另一方面，利用体育赛事、节庆活动，如奥运会、世界杯足球赛等吸引更多的参与者与观赏者。体育旅游产品从性质角度，可将其划分为赛事型、休闲型、竞技型、节庆型、民俗型和刺激型体育旅游产品等类型。事实上，在欧美体育赛事成熟的国家，拥有这样一句名言——"拥有一项赛事，就相当于拥有一个印钞机"。这句话充分证明了体育旅游赢利模式的成功。

体育旅游产品既具有与其他旅游产品的共性，也有不同于一般旅游产品的特点：（1）健身性。体育旅游产品的核心特征在于体育，而体育的实质在于运动、在于人类体质的增强和身心机能的提高，锻炼是健康的保证。（2）大众休闲性。体育旅游活动是种老少皆宜的旅游方式，不同的体育内容可适应不同的人群需要。（3）体验性与参与性。传统的旅游产品大多以观赏为主，人们在游历中得到的更多是一种文化与自然风光的感观经历。

体育旅游产品的开发有四大原则：

1. 市场需求导向原则。体育旅游产品开发具有典型的市场开发特征，旅游市场需求是体育旅游产品产生、发展和消亡的直接决定性因素。因此，体育旅游产品的设计与开发，必须与当前体育健身市场和旅游市场需求相适应，以旅游者健身娱乐等需求为中心，以满足体育旅游产品市场竞争的需要和实现体育旅游产品的价值。首先是要特别重视体育旅游市场的调查、细分、定位和论证，掌握体育旅游市场现状与发展变化动向，始终坚持以市场为起点和终点，从而确定体育旅游产品设计与开发的导向和规模。体育旅游产品设计与开发的市场导向确立后，必须深入调查和论证，研究影响当前体育旅游需求的各种因素与指标，进行市场细分和定位，并通过建立科学的理论模型与方法，预测一定时期内的旅游需求量和变化趋势，从而最后确定体育旅游产品开发的进程、深度和规模，以获得最佳经济效益。

2. 综合开发原则。综合开发原则包括两个方面：首先，体育旅游产品开发要追求综合效益。体育旅游产品开发要求以市场经济为导向，以社会文化效益为目标，以生态平衡为杠杆开展旅游活动，追求生态、经济、社会三者的综合效益。因此，体育旅游产品开发是三者的综合开发。其次，体育旅游产品开发要注意与其他旅游产品的搭配开发，通过共生互补取得综合优势。

3. 重视特色，突出主题原则。主题与特色是旅游产品的灵魂，是旅游吸引力的主要源泉和市场竞争的核心。体育旅游产品主题是对体育旅游产品及其相关因素进行组合所形成的内在的、统一的形象或基调。主题的设计与塑造要重视特色，特色要通过主题来体现。自然状态中的体育旅游资源在开发之前往往属于感觉资源的类型、品质较大众化，但经过人为的提炼与内在组合后就会给人耳目一新的体验。如青海湖经过自行车赛事、高原和民族文化的内在组合后，打造出了其自身的特色与主题。因此，体育旅游产品的设计与开发，就是要根据资源特色、市场需求、区位和环境条件的综合分析，经过概括、提炼、组合等环节突出主题和特色，最后通过强化、充实、剪裁、协调、烘托和创新等手段加以实现。民族地区地理地貌、历史文化和民俗风情等都是体育旅游产品开发中特色和主题提炼的重点。

4. 系统开发，协调发展原则。该原则也包含两个方面：首先，由于旅游活动的性质和内在要求，决定了旅游产品具有显著的综合性。因此，完整的体育旅游产品开发必然也包括吃、住、行、游、娱、购等各方面的需求的满足，其经营开发过程涉及各个方面，牵涉到诸多性质、功能不同的部门和行业。因此，体育旅游产品的设计与开发必须统筹、系统规划，全面协调发展，促进体育旅游要素的合理配置，才能保证体育旅游活动的正常进行，从而获得最佳的经济效益和社会效益。其次是体育旅游业自身很强的产业关联性和依托性。旅游产品开发中体育休闲、山水风光，历史文化等旅游资源是一个整体，因此，体育旅游开发是与整个旅游资源的开发紧密融合在一起的，如果把体育与整个旅游开发背景独立开来，就将大大降低其优势。

三、讨论与思考

1. 中国人出国看巴西世界杯是否属于境外消费的服务贸易方式？请说明理由。

2. 案例中盛开国际的分销世界杯门票的行为是否属于境外消费的服务贸易方式？请说明理由。

3. 请联系实际说出属于体育旅游方面的境外消费服务贸易方式的例子。

第二编 国际服务贸易

第十一章 商业存在

章前导读

商业存在（Commercial Presence），是《服务贸易总协定》中最重要的一种服务提供方式，指一成员的服务提供者在任何其他成员境内建立商业机构（附属企业或分支机构），为所在国和其他成员的服务消费者提供服务，以获取报酬，其包括通过设立分支机构或代理、提供服务等方式。如一国电信公司在国外设立电信经营机构，参与所在国电信服务市场的竞争就属于"商业存在"。它的特点是服务提供者（个人、企业或经济实体）到国外开业，如投资设立合资、合作或独资的服务性企业（如银行分行、饭店、零售商店、会计事务所、律师事务所等）。

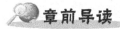
案 例

案例一 外资金融机构在华投资的主要趋势

一、案例介绍

近年来，由于跨国公司对外直接投资向第三产业转移的总体趋势影响，以及"入世"后我国金融业对外开放的速度进一步加快，外商对我国金融业投资明显加快。2003年，我国金融、保险业实际利用外资为2.3亿美元，占我国实际利用外资总量比重的0.43%，增长幅度为117.5%，成为实际利用外资增长幅度最快的行业。

(一) 银行业

截至2003年10月底,共有19个国家和地区的62家外资银行,在华设立了191家营业性机构,其中84家已经获准经营人民币业务。此外,外资银行类机构经批准在华设立了211家代表处,在华外资银行的资产总额已经达到470多亿美元,占我国银行业金融机构资产总额的1.4%。外资银行的贷款余额为217亿美元,其中外汇贷款余额164亿美元,占银行业金融机构全部外汇贷款的13%。从已设立的151家外国银行分行来看,亚洲和欧洲的银行分别占全部外资银行总数的58.4%和30.5%,而北美则为11.1%。

(二) 证券业

到2003年年底,获得QFII(Qualified Foreign Institutional Investors,合格的境外机构投资者)资格的境外机构已达12家,已有12家QFII累计17亿美元的投资额度获得国家外汇管理局批准。截至2003年6月底,证监会已批准设立外资参股基金管理公司6家,外资参股证券公司2家,交易所境外特别会员6家。境外证券经营机构在上海、深圳证券交易所分别有44个和21个B股席位。

(三) 保险业

截至1998年年底,中外合资保险公司3家,外资保险公司分公司9家。而在1999—2001年间,中外合资保险公司19家,外国保险公司分公司13家,3年来,外资保险机构的数量几乎翻了一倍。仅2003年,保监会就新批准3家外国保险公司进入我国保险市场,10个外资保险公司营业机构开业,对外开放城市增加到15个。截至2003年年底,共有13个国家和地区的37家外资保险公司在华投资设立了62个保险营业机构,有19个国家和地区的128家外资保险机构在华设立了192个代表机构和办事处。

二、案例分析

（一）外资银行重点分布在中国沿海大中城市，外资保险机构广泛地扩展

外资银行重点布局仍在中国沿海大中城市，辐射中、西部地区城市。经济发达、环境配套、管理规范的我国沿海地区和中心城市是外资银行设置机构的首选，这些地区同时也成为中、外资银行争夺的焦点。目前在上海的外资银行分行最多，达42家；其次是深圳，共24家。跨国银行在选择建立分行地点时，最主要的考虑因素有二：一是该地区其全球网络客户及业务规模；二是该地区设立机构之资本回报率。两者的取舍或重要性，将依不同时期、不同地区有所侧重。

（二）外资金融机构竞争力强，业务拓展速度较快

外资金融机构的竞争力强，主要表现在以下方面：

1. 市场扩张速度快。银行业为我国对外资开放较早的行业，证券业和保险业虽然开放较晚，但外资扩张速度较快。在保险业，如友邦保险等公司也以其全球化的网络和服务优势迅速在我国市场扩张。

2. 外资金融机构主要采用网络化服务展开竞争。目前，花旗、渣打、东亚、汇丰等外资银行都将网上银行产品作为重要的营销手段。截至2002年12月初，至少有8家外资银行向国家知识产权局专利局递交了发明专利申请，内容涉及金融产品和服务的方方面面，许多专利已进入审定阶段。花旗银行的19项发明大多直指网上银行业务，这也将是外资银行争夺国内客户最快、最有效的途径。

3. 金融产品和服务的不断创新，使外资金融机构不仅具有传统业务的竞争能力，而且具有快速开拓新市场的能力。在国际结算方面，外资银行凭借其完善的国际网络、先进的结算技术、丰富的业务品种和灵活的营销手段在市场中争得了一定的市场份额。

（三）外资金融机构本土化趋势日趋加强

随着外资进入我国金融业的规模进一步加大，经营本土化的趋势越来

越强。外资金融机构对中国的金融管理人才及业务人才的争夺将逐步展开。随着外资金融机构规模的扩大和人才需求的增加,外资银行将会利用各种优厚的待遇来与中资金融机构争夺人才。从目前保险业来看,以友邦为首的保险公司已经在大批雇用中国当地的推销人员开展其产品的促销,这些销售人员许多是从国有保险公司中"跳槽"的。可以预见,随着外资金融机构在华业务的快速扩张,优秀的业务人才和管理人才必然成为中外金融机构争夺的焦点。

三、讨论与思考

1. 外资金融机构在中国市场投资考虑的因素有哪些?
2. 外资金融机构在中国本土化趋势主要表现在什么方面?
3. 您认为未来中国金融市场外资机构的数量和市场前景如何?

案例二 美国 Kaplan 教育集团在华投资

一、案例介绍

2007年11月26日,全球最大的教育培训巨头之一美国楷博(Kaplan)教育集团宣布其全资子公司楷博(中国)教育投资管理有限公司(以下简称"楷博中国")在上海正式成立,这标志着全球教育培训巨头已经顺利完成其在中国的资源和资本整合,其资源、资本双驱动的"中国战略"正式拉开序幕。

据 Kaplan 亚太区首席执行官 Mark Coggins 先生介绍,"Kaplan 将进入中国的国际化教育和培训终端消费者市场,并通过雅思教育集团现有及不断扩展的全国性网络,将向中国更多的主要城市提供全方位的包括高等教育课程、考试准备、资格证书培训等国际教育和培训服务"。

"雅思(ACE)教育集团10年的发展经过了一个本土机构国际化的过程。今后,楷博教育将秉承Kaplan'创领未来'的教育价值观,为中国学生提供多元化国际标准的教育培训服务。"雅思(ACE)教育集团前总裁、楷博教育（中国）首席执行官周涌先生如是说。教育界人士认为，Kaplan 进军上海，必将给上海的教育培训行业带来一次大的冲击。目前，国内国际教育市场日趋成熟，已经从过去中国学生大量流向国外，到现在学生与教育资源之间出现"双向流动"，越来越多国外优质的教育资源开始向国内流动的格局。与此同时，楷博中国经国家教育部批准，整合英国 10 所著名大学与上海理工大学共同成立中英国际学院，开创了独特的"1＋N"中外双学士学位的培养模式。而从即日起至 12 月 1 日，该公司还特别组织约 70 家中国本土企业、在华跨国公司及英国公司在英国两所知名高校与 3000 名中国留学英国学生进行现场招聘，以实现该公司"从毕业到就业"的办学承诺。

Kaplan 教育集团是于美国纽约证交所上市的《华盛顿邮报》的全资子公司，提供的教育服务领域包括针对个人、学校及公司企业的教育及职业服务等各方面，其 2006 年年收入近 17 亿美元。2007 年 4 月 18 日，美国 Kaplan 教育集团宣布，与国内教育服务机构 ACE 签署合资协议，成立上海 Kaplan 教育投资管理有限公司，并通过合资公司在国内铺设教育网络，全面整合开展其高等教育和职业教育培训两大主要业务。

据 Kaplan 亚太区首席执行官 Mark Coggins 介绍，Kaplan 带来的教育培训项目，与那些单纯以英语考试培训为主要内容的新东方等国内机构相比，具有很强的优势。比如，其全资子公司 FTCKaplan 就有国际领先的财务金融从业人员专业技能和资格考试培训等。此外，Kaplan 教育将有针对性地提供一些教育产品，如具有国际水准的证书课程、职业证书等相关培训，包括 ACCA、CFP、CFA 等培训。

二、案例分析

随着全球趋势化的加强，各行业的迅猛发展也整体拉动了教育产业的发展。而国内国际教育市场已经日趋成熟，出现从过去中国学生大量流向国外，到现在学生与教育资源之间出现"双向流动"，越来越多国外优质的教育资源开始向国内流动的格局。

有调查显示，目前国内居民教育投资的趋势是，用于义务教育（中、小学）和学历教育（如中专、本专科、研究生等）的教育投入比例下降，而用于教育培训的投入比例则逐年增加。据相关数据统计，以目前的城乡居民人民币储蓄存款余额来看，潜在的教育培训支出将超过 4000 亿元。

Kaplan 作为全球最大的教育培训巨头之一，这次选择国内的 ACE 教育服务机构也是有其深层次的背景。首先，ACE 作为本土一家教育服务机构，有着完善的国内教育网络，这将极大地方便 Kaplan 在国内的布局，其次，ACE 从 1997 年开始从事留学中介服务，1999 年转型做留学预科介入中外合作办学，有着 10 年的本地化经验，在本土教育国际化、国际教育本土化成为中国教育的一个发展趋势，单纯的留学中介服务功能将逐渐被弱化这一发展背景下，ACE 选择与 Kaplan 合作也是自己的一次重大转型，同时 Kaplan 也能凭借 ACE 更好、更快地切入中国这个大的市场。作为全球最大的教育集团之一，Kaplan 提供的教育服务领域覆盖了包括针对个人、学校及商业机构等教育及职业服务各个方面；而 ACE 则不仅率先引进 IFY、PMP 等预科课程，还在北京、上海、重庆、成都、青岛、苏州、长沙等地开设了众多国际化教育项目，同时参与创办中国第一所采用"1＋N"合作模式的中外合作办学国际化学院——上海理工大学中英国际学院。因此，两者的结合将对国内教育培训市场产生极大的冲击。

在如今经济高速发展的中国，考试培训已经越来越受到民众的重视，与过去仅仅着重各种外语考试培训不同，Kaplan 集团采用"终身教育"的理念，其教育培训产品丰富多元、门类齐全、资源丰富，拥有包括世界知名研究型大学在内丰富的高等教育资源，将向中国更多的主要城市提供全方位的包括高等教育课程、考试准备、资格证书培训等国际教育和培训服务。随着中国包括股指期货在内的金融投资产品越来越多，这就需要更多专业人士来运作和管理。而国内的私募基金和投资银行也将把更多眼光投向海外市场，企业在进行海外并购时则需要运用国际通行会计准则……种种因素都让 Kaplan 看到了中国金融培训市场的未来潜力。

从国际教育服务贸易的手段和途径上来看，主要有两种，一种是吸引外国留学生到本国接受教育。这种办法成本低，可以借助原有的办学规模和力量。另一种是直接在当地提供服务。Kaplan 选择了第二种方法，但是这种方法往往投资大，而且受所在国政策和法律的限制，所以 Kaplan 这次选择进入中国市场并没有选择成立全资的子公司，而是选择和国内的教育机构和大学合作，这些做法可以规避很多风险。

三、讨论与思考

1. 美国 Kaplan 教育集团进军中国市场的原因是什么?
2. 美国 Kaplan 教育集团在中国实施的战略措施是什么?
3. 请分析未来中国在教育国际化合作方面的发展前景如何。

第十二章 自然人流动

章前导读

自然人流动（Movement of Natural Persons）是指一成员的自然人（服务提供者）到任何其他成员境内提供服务，以获取报酬。它的特点是服务提供者在某地区境内向在该成员境内的服务消费者提供服务，例如专家教授到国外讲学、做技术咨询指导，文化艺术从业者到国外提供文化、娱乐服务等。

案例

案例一　菲律宾的劳务输出

一、案例介绍

20世纪80年代以来，菲律宾的海外就业人数稳步增长。根据菲律宾海外就业署（POEA）统计，2003年达到80多万人，其中陆上劳务60多万人，海上劳务20多万人，海外劳工存量达700—800万人，占全国人口近10%，其中150万人在中东地区。菲政府估计，2004年的劳工海外汇款达到84亿美元，外汇汇款约占国家经济收入的1/10，这不仅提高了国民消费水平，也使国内经济增长预期从2003年的4.6%上升到目前的5.2%。海外劳工的工资外汇收入一直是菲律宾外汇的重要来源，对菲律宾平衡国际收支、稳定本国货币汇率和推动国内经济发展都具有举足轻重的作用。海员和家佣是菲律宾最有竞争力的服务领域。菲律宾是世界海员劳务输出最多的国家，目前外派海员人数在 20 万左右，约占全球外派海员总数的 20%。菲佣的输出更是世界闻名，其特点是服务意识强，能够吃苦耐劳。菲律宾公民的英语水平较高，这为其劳务输出奠定了良好的基础。

根据菲律宾外交部 2011 年的记录，有 12 254 名菲律宾人在中国内地打工，其中很大一部分从事的就是家政工作。内地对菲佣的需求特别大。20 世纪 90 代末，由于大量跨国企业将公司的亚洲区总部搬迁到中国内地，相关的外籍高管纷纷来华，这些高管往往都是举家迁移，因此服务这些家庭的菲佣也随之而来，成为中国内地打工的第一代菲佣。

菲律宾政府一直努力推介本国劳工海外输出，成立了专门的管理部门负责该项工作。从总统到一些内阁成员都把巩固和发展海外劳务市场作为一项重要的工作。政府的重视和积极推广是其取得成功的关键。

菲律宾政府十分注意对海外劳工的保护，其保护是全方位的：外交部的国内机构或国外领事馆有保护移民工人和海外菲律宾人的义务，外交部下设移民工人事务法律助理，由总统任命，负责提供所有的法律援助服务；劳动和就业部注意海外工人在东道国的劳动和社会保障法律下是否得到公正待遇，帮助劳工得到法律援助和推荐适当的医疗中心或医院；POEA 具体负责海外劳工管理的有关事宜；海外工人福利署（OWWA）给予菲律宾移民工人及其家属力所能及的帮助，负责与代理或雇主联系。

菲律宾政府还非常重视劳务输出人员的培训，在劳动和就业部下设海外劳工就业署、海外劳工福利署和技术培训中心，各省、市、县也有相应的组织机构、培训中心和管理人员。每个出国人员都要参加由招募机构或劳务人员所在实体单位举办的免费出国前定向学习班，学习方案均由海外就业署审查和批准。

菲律宾政府还在财政上支持本国劳务输出，如设立了紧急遣返基金、海外移民工人贷款担保基金、法律授助基金、国会移民工人奖学金 4 个海外工人基金，最初总规模为 5 亿比索。此外，从 1998 年开始，菲律宾政府规定海外劳工免交个人所得税，并设立专门机构为回国的劳工在国内就业方面提供方便，并在不同程度上提高政府部门的工作效率，简化劳务人员出国手续，加强对劳务的社会服务保障工作等。

二、案例分析

菲律宾通过劳务输出不仅增加了国家外汇收入，还解决了部分人员的就业问题，增加了个人收入，是利国利民的好事。因此，对外劳务输出成为一些发展中国家促进本国经济发展的重要途径。

通过借鉴菲律宾劳务输出政策措施及具体做法，我们得到如下几点启示：

第一，重视劳务输出工作，加快立法，并加以政策扶持，做好服务。劳务输出是通过有序转移富余劳动力创造经济社会效益的一种有效形式，主管部门要进一步解放思想，向体制创新、机制创新要动力。只有思想解放了、观念更新了、认识统一了，行动才能跟上。应切实加大工作力度，把劳务输出作为一个新的产业做大做强。出台国家级完善的、具有前瞻性和可操作性的相关法律，加快对外劳务合作法制化的进程。还应制定对外劳务合作的优惠政策，积极鼓励各类人员，包括高技术人才到国外就业。加强对劳务人员出国前的服务，提供咨询和支持。同时，驻外领事馆要加强与当地政府联系，切实保障劳务人员出国后的权益。

第二，加强外派劳务资源培养和储备。随着我国对外劳务合作业务的迅速发展，外派劳务资源短缺问题日益突出，开辟国外市场与培养国内人才已成为保持劳务输出业务可持续发展的一项重大而紧迫的任务。国内一些省、市的实践证明，建设外派劳务基地是提高输出劳务人员素质，加强外派劳务资源培养和储备，提高外派质量、效率和效益，扩大外派规模，促进外派劳务业务可持续发展的有效方式之一。建设规范化的外派劳务基地是贯彻和落实科学发展观的要求，推动我国对外劳务合作业务在更大范围、更宽领域和更高层次上参与国际经济合作与竞争的需要。对于外派劳务基地的建设，各级政府应予以高度重视，并从组织领导和相关政策上予以大力支持。整合资源，把多头分散的培训力量集中起来，统一使用，求得规模效益。

第三，加强政府的监管职能，规范中介市场，简化手续。政府有关部门要进一步加强监管职能，打击非法劳务中介，规范合法中介市场，规范经营主体行为，维护市场经营秩序，扶持有实力的高质量的劳务公司。有关部门应审核原有中介公司资质，认定资格，以确保其营业能力，让"黑中介"不再有生存空间,依法保护劳务输出人员的合法权益。同时,也要保护经营者的利益,依法公正处理纠纷。要提高政府部门工作效率,简化劳务人员出国手续,降低门槛,加强对劳务的社会服务保障工作等;要逐步推行代理制,明确经营者、劳务人员及政府相关部门的权利、责任和义务。

第四,加大对对外劳务合作的财政支持。劳务输出是服务贸易,是我国实施"走出去"战略的重要组成部分,因而有必要对对外劳务合作提供资金支持。可借鉴菲律宾的经验,并结合我国的实际,加大财政支持,扩大原有外经贸促进基金规模,在其项下建立"劳务输出基金"或其他用于促进劳务输出的基金,在财政上支持我国劳务输出的发展。

三、讨论与思考

1. 菲律宾政府在支持劳务输出方面实施了哪些政策及措施?
2. 劳务输出为一国经济发展带来什么好处?
3. 我国可以从菲律宾的劳务输出上吸取什么经验?

案例二　中新劳务合作

一、案例介绍

我国承包工程和劳务合作公司于 1985 年开始进入新加坡市场,1992 年以后,我国在新加坡的承包工程和劳务合作业务得到迅速发展。中资公司在新加坡累计签订承包工程和劳务合作合同额达 87 亿美元,完成营业额 73 亿多美元,累计派出各类劳务人员 20 多万人次。目前,新加坡已成为继中国香港之后我国第二大对外承包工程和第一大海外劳务市场。

建筑业是中新合作的主要领域,在新加坡务工的中国劳工累计近 10 万,其中多数在建筑业工作。中国劳工由于懂华语、技术好、理解能力强、肯动脑筋、劳动效率高而受到欢迎。他们的工资相对于来自亚洲其他国家的工人也较高,中国劳工每天的薪水为 30~50 新元,而泰国劳工为

24～30新元，印度劳工约为20新元，孟加拉劳工为18～29新元。此外，近年来也有一些中国劳工加入到电子加工和制造业。

建筑业中国劳工主要有两个来源：一是来自中国各地国有企业的员工，即"公司工"。新加坡政府规定，雇主可以根据发包工程量向人力部申请外劳指标，申请到指标后，雇主就委托本地的中介公司到中国招工，这些中介公司又与中国的中介联系，由对方负责招揽工人，工人在缴纳一笔中介费用并经过培训后来到新加坡。由雇主代为办理工作准证，在取得工作准证后工人就可以开始工作了。建筑劳工的工作准证一般是一至两年，如果工程提前完成，雇主可以申请把劳工转移到其他的建筑项目工作，或者安排他们到其他公司工作，但须重新办理工作准证。二是少数非法入境、在新加坡各工地打零工的所谓"自由工"。"自由工"没有固定的签约公司，也没有工作准证，完全属于非法黑工，在居留、住宿和收入方面都没有保证。他们大多来自中国国内的农村或小城镇，主要是江浙、福建一带。他们多是在新加坡或国内一些不法中介公司或个人的引诱下，借高利贷交纳了数额不菲的所谓手续费后来到新加坡。

在新加坡建筑业繁荣发展时期，中国劳工与新加坡雇主和睦相处，双方的合作为彼此带来很大的利益。但近年来，由于经济低迷及建筑业竞争日趋激烈，劳资纠纷日益突出。2000年有4318名客工到人力部寻求帮助，提出615起索偿和投诉个案，其中中国客工占约4成。2001年新加坡人力部共接获717起客工索偿和投诉个案，涉及的客工多达7018人，其中中国工人占了近7成，他们一共提出156起索偿和投诉个案，占总个案的22%，而这些客工多来自建筑业。

中国建筑劳工与雇主的矛盾主要表现为以下几个方面：（1）雇主拖欠工资。特别是2001年以来，受经济不景气的影响，新加坡雇主拖欠工资的问题愈发严重。中国大使馆经济商务处一等秘书张丽平表示，2002年2月便处理了一起涉及450名工人的大案件，工人遭拖欠的工资从数千元至上万元不等。（2）外币汇兑商骗取中国劳工血汗钱。外来劳工汇款业务一向是新加坡当地汇兑商积极争取的对象，但近年来中国劳工汇款被骗事件却屡屡发生，2002年年初更发生震惊新中两国的"永隆"私吞汇款案。（3）中介或代理人侵吞工人的保证金。新加坡政府规定，雇主每雇用一名外劳必须缴付5000新元的保证金，以保证工人在新期间遵纪守法并按时离境。雇主也不一定要缴付现金，可以用银行担保或购买保险代替。多数大规模的公司在招聘客工时会承担这笔费用。一些小规模公司则要求劳务代理承担这笔费用,劳务代理就把它转嫁到工人身上。有的代理与本地雇主互相勾结,合吞这笔款项,根本就不打算在工人回国时归还。更有极少数存心骗钱的雇主根本没有工作分配给中国员工做,却将他们介绍给其他急需员工的公司,从保证金中赚取介绍费,因而由保证金问题而发生的冲突事件屡见不鲜。(4)工伤纠纷时有发生。

二、案例分析

第一,从外派劳务人员数量上看,我国劳务输出远未形成规模。而我国,一个拥有 13 亿人口、占世界人口总数 20% 的大国,在 20 世纪末只有 30 万在外工作人员,劳务输出人员只占世界的 1.5%,我国劳务输出工作的落伍由此可见。随着新加坡经济结构的调整,新加坡本地就业市场会逐渐减少对外籍工人的依赖程度,特别是劳动密集型产业领域,如建筑、电子等行业。但在一段时间内,新加坡本地就业市场人才和劳动力短缺现象不会立即缓解,仍需从国外引进相当数量的科技人才和劳动力。所以,中新之间劳务合作仍有相当发展的前景。

第二,进一步加强和完善对外劳务人员保护措施。面对中国劳工与新加坡雇主之间日益尖锐的矛盾纠纷,中国政府也采取了一些措施来保护劳工的利益。2001 年 7 月 1 日开始,中国驻新加坡大使馆对新加坡建筑公司和劳务代理进行资格认证。所认证的因素包括公司是否有足够的工作需求、公司是否曾有拖欠员工薪金等不良记录,没有通过资格认证的公司将不能引进中国员工。中国对外承包工程商会公布了 24 家具备对新加坡开展建筑劳务合作业务经营资格条件的公司名称,及 10 家具备向新加坡分/子公司派遣建筑劳务人员经营资格条件的公司名单,对促进对新劳务合作业务的健康发展起重要的作用。

2003 年 7 月中国对外承包工程商会通过的《外派新加坡劳务合作合同主要条款》中就中国劳工的权益保护有明确的规定。如工资,明确规定劳务人员月基本工资不应低于 650 新元,确定工资及奖金的计算方法、支付方式和日期。关于保证金,合同中明确规定 500 新元履约保证金不交付新方雇主,新方雇主也不得从工人的工资中逐月扣除该笔费用。关于工人的保险、医疗则明确规定,雇主应为每位劳务人员办理保险并承担费用,并明确规定劳务人员病、伤、亡的具体处理办法。但这些规定多是原则性的，没有具体操作方法和适用法律的规定。

第三，在竞争日益激烈的亚洲劳务市场树立自己的劳务品牌。亚洲是中国劳务合作的主要市场，中国对外劳务合作有 3/4 集中在亚洲地区。当前，亚洲劳务市场热点主要是中东石油生产国和东亚工业化国家和地区，今后劳务市场的竞争将更加激烈。来自印度、菲律宾、印度尼西亚、泰国和越南等国的工人源源不断地涌入亚洲劳务市场，这些国家的劳工服务意识强、忠诚守纪、吃苦耐劳，更重要的是，他们的英语水平普遍高于中国劳工。要在国际劳务市场竞争上取胜，我们必须学习菲律宾的品牌经营方式。菲律宾劳务之所以在世界劳务市场占据重要的一席，"菲佣"品牌是重要因素。菲律宾政府在劳动和就业部下设海外劳工就业署、海外劳工福利署和技术培训中心；各省、市、县也有相应的组织机构、培训中心和管理人员。每个出国人员，无论是第一次出国，还是再次出国，都要参加由招募机构或劳务人员所在实体单位举办的免费出国前定向学习班，学习方案均由海外就业署审查和批准；海外就业署也经常举办出国前定向研讨会或学习班。在中长期培训方面，政府根据国外不同岗位的就业要求，在全国各地常年开办各种培训班。菲律宾政府的做法值得我们借鉴，应大力加强对我国劳务的培训，提升我国工人的素质竞争力，关系到我们能否继续在新加坡劳务市场甚至亚洲劳务市场中占有一席之地。

三、讨论与思考

1. 我国对外劳务输出存在什么问题？
2. 如何提高我国对外劳务输出的质量？

第十三章 国际服务贸易综合案例分析

章前导读

服务贸易指国与国之间互相提供服务的经济交换活动。根据世界贸易组织于1994年签署的《服务贸易总协定》，服务贸易有四种提供方式，分别为：境外交付、境外消费、商业存在及自然人流动。在近10年里，在国际服务贸易快速发展的同时，中国的服务贸易也得到了蓬勃发展，服务贸易结构也得到不断完善。

案例

案例一 亚运会对广州服务贸易的影响

一、案例介绍

2010年在中国广州举行的亚运会，给广州以及海外投资商带来无限商机。广州市政府在未来数年让市政建设和亚运建设同步发展，投资人民币2200多亿。广州的亚运会亦带动对相关服务行业如工程承包、金融、物流、广告赞助、教育、旅游等的庞大需求，对广州来说实在是商机无限。

首先，亚运会能为亚奥委会和主办城市带来巨大的直接经济收益，其中包括出售电视转播权、奥林匹克标志产品的专营权、指定赞助商的赞助、企业亚运广告、设备出租、纪念品以及门票收入等。

其次，从长远和间接的影响来看，在亚运会的筹办到召开以及举办后的很长一段时间内，亚运会对主办城市的经济社会发展的影响都是不可忽视的。亚运会推动了广州体育事业进一步发展，进而带动了娱乐健身业的前进。筹办亚运会进行了大规模的体育场馆建设、亚运村建设和配套市政设施建设，引来国际性金融机构或财团进行投资，推动金融市场的发展，同时也带动整个广州的基础设施建设，为城市形象和城市环境带来巨大的改观，给广州市民创造更优越的生活环境。亚运会期间大量的人员物资流动为广州国际金融和国际物流提供了良好的发展机遇。亚运会满足了一批外语、公关、导游、咨询、信息技术等人才的巨大需求，拉动了相关方面的教育发展。亚运会还带动广州及周边城市旅游业的蓬勃发展，对独特的南粤文化也起到很好的宣传作用。总之，承办亚运会带动了体育、建筑、房地产、交通、物流、会展、旅游、饮食、金融保险、教育事业、传媒广告等相关产业的迅速发展，对广州每年的 GDP 增长的贡献率达到 1 个百分点左右。

随着 20 世纪 90 年代全球经济竞争重点由货物贸易向服务贸易的转移，我国的服务业在总量上有了持续的增长，服务业的发展促进了服务贸易的增长。广州作为内地一批首先发展起来的国际性大都市，由于其先天的资源、区位和政策优势，服务贸易的发展走在国内的前列。结合广州市具体的情况来看，其服务贸易呈现如下三个特征。

（一）总体水平处在全国前列

广州服务业在"十五"期间快速增长，总体发展水平在国内城市处于领先地位。服务市场体系逐步完善，开放程度不断加强。近几年来，广州服务业进出口状况基本势头良好，服务贸易总量仍不断增长。出口方面，创汇的主要来源是对外工程承包合作以及传统的旅游业。另外，广州的金融保险服务，运输服务和广告、代理、专业和技术服务业取得了很大的发展，总体水平位于全国前列，这不仅给广州带来大量的商品性外汇收入，还带来了为数可观的劳动性服务收入，缓解了就业压力，促进了经济的发展。

（二）结构不优、产品国际竞争力弱仍是广州服务业面临的最大挑战

虽然从 20 世纪 90 年代以来，广州的服务贸易得到持续稳定的发展，

但其服务产品出口仍局限于传统的劳动和资源密集型产品,例如旅游、国际运输等。一些技术、知识占优势的新兴服务业尚未得到充分发展。广州的服务业发展虽居全国首列,但其总量与水平无论是与世界发达国家和地区相比,还是与正在追赶的目标"亚洲四小龙"相比,都存在很大差距。其表现为发展规模不大、结构不合理和效率不高。可见,在国际经济舞台上,广州的服务贸易面临着激烈的竞争,由于广州服务贸易产品结构不合理,产品技术含量低,创新水平不高,导致其国际竞争力低下。

(三) 面临重大发展契机,服务需求空间日益扩大,服务供给能力不断提高

首先,随着 WTO 后过渡期结束,广州的国际服务业转移加速,有助于引进国外新的产品技术与管理经验,为本地服务业发展所借鉴与利用。其次,泛珠三角和中国–东盟区域合作的不断深入促进对广州服务输出的扩大和服务市场的拓展。另外,2010 年广州亚运会的举办,为广州基础设施建设及服务贸易发展带来无限的机遇,并极大地推动了广州服务贸易的发展。

广州所面临的重大的发展契机,加上经济社会发展水平的不断提高、新型工业化道路的实施和中心城市地位的提升为现代服务业发展创造了巨大的需求空间。一是随着收入水平提高、人均 GDP 达到中等发达国家和地区的水平,服务消费比例和消费结构不断提升,将极大地推动服务消费需求的增加。二是新型工业化对提高企业信息化水平、改变资源利用方式、减轻环境污染、降低能耗物耗等方面的要求,将对扩大软件及系统集成服务、金融服务、人力资源服务、环保服务和高效率的物流系统服务等生产服务的需求产生积极的推动作用。三是巩固和提升广州作为华南地区中心城市的地位,为广州现代服务业突破地域发展,扩大服务输出,更多地满足区外服务需求创造了巨大的空间。

服务业中现代科学技术的应用,特别是广州城市建设步伐的加快和政策环境的改善,将大大增强现代服务业的供给能力。其中,包括广州交通枢纽基础设施的改善,各大功能性城区的建设,大型服务设施的建成,以及广州市《关于加快服务业发展的意见》等一系列政策文件的贯彻实施,为广州市服务业发展创造更优质的软硬件环境。

二、案例分析

2010年亚运会对广州服务贸易的发展带来了巨大的影响,主要表现在以下五个方面。

(一)体育事业蓬勃发展

举办亚运会带来的效应中,获益最大、最直接的首推体育产业本身。因为亚运会首先是作为一项国际性体育盛会来举行的,以体育竞技的形式来促进民族交流,推动人类文明,从而拉动经济增长。亚运会就是一个巨大的体育市场,筹办亚运会期间会催生一系列的专业体育市场,并带动相关体育产业发展。体育产业是一个新兴的经济增长点,目前广州体育产业对GDP的贡献率约为1%,发达程度可与许多发达国家的大城市媲美。申办亚运、开展全民健身运动有效地开发体育市场,体育产业迎来从未有过的大发展机遇。在亚运举办期间,通过体育赛事本身的盈利方式和渠道就有门票收入、体育用品销售收入、权益收入(如电视、电台转播权、采访权、冠名权等收入)、亚运纪念品收入、设备租用和场馆租用收入等。亚运会还带动体育娱乐休闲业、体育健身业、体育中介服务业、体育娱乐保健业、体育旅游探险业等行业的发展。服务贸易一旦放宽管制,允许服务领域的市场准入,更多的外国资金会进入到国内的体育产业和体育市场中来,促进广州乃至整个中国的体育事业发展。

(二)国际工程承揽能力继续增强

据广州市商务委员会统计,2017年1—10月广州市对外承包工程新签合同额62110万美元,完成营业额16775万美元。这都显示广州承揽国际工程的能力进一步增强。广州亚运会的体育场馆及相关设施投资巨大,据官方统计数字,亚运场馆设施计划投资为4.255亿美元,配套设施投资7.234亿美元,主要建设亚运村、记者村、新闻中心、场馆道路绿化和环境保护等设施。这些投资在给广州创造可观的就业机会的同时,也对国内外有实力的规划设计机构、工程咨询机构、建筑施工企业、律师事务所、会计师事务所、招标代理机构、建筑材料供应商、场馆设备供应商、技术支持系统供应商产生强烈的吸引力。由体育场馆建设所带动的服务贸易包括设计、咨询、材料设备供应、招标代理、工程规划设计、工程咨询等等。

亚运筹建场馆大大拉动国际建筑服务贸易，将高精先进的工程理念与技术带到广州，同时吸引相关专业部门的踊跃投资，给广州建筑服务贸易发展提供充足的资金支持和畅通的技术交流渠道。另外，国际工程承包还促进各种材料设备的供需，国际招标代理也得到良好的发展机遇和利益空间。

（三）国际物流纵深发展

举办广州亚运会带来爆发性激增的大量物流服务需求，上万的运动员、裁判员、教练员与新闻工作者来到广州，另外还有四五万的外来观光客。有关这些人员的物品输送、住行安排都在给广州带来巨大的物流服务压力的同时，给广州的物流业尤其是国际物流业发展创造广阔的空间。2007年的春季广交会凸现出来的一个问题是，广州市在服务和设施配套方面做得不尽如人意，其中广交会展馆的交通问题最受诟病。广交会期间，据来参展的外商反映，等车难、打的难普遍困扰着他们，这既浪费时间也影响办事效率。亚运会期间也不可避免面临同样的问题，组办方及广州市政府吸取广交会的经验，做好这方面的防护措施，加强市政配套设施的建设，合理安排交通，以保证最有序高效的人员输送和疏散。亚运会召开前后的一段时间里，比赛器材及相关设备能否及时安装到位、观众能否方便快捷地进场和疏散、运动员和众多游客的饮食、居住和交通服务等是否到位都是广州物流业必须解决的一个关键问题。广州显然创造各方面条件来胜任这一切，广州市大力改善城市基础设施，建成四通八达方便快捷的交通网络，创造更宽松的空港通过条件，这些都为广州营造更为优越的条件，以吸引外国投资者与物流企业参与到这一国际物流合作与运营管理中来。

（四）教育服务领域拓宽

亚运会参赛国家包括韩国、日本、印度、缅甸、印尼、斯里兰卡、巴基斯坦、越南、马尔代夫等40多个国家和地区。亚运会期间汇集到广州的外国运动员、教练员、记者及观众达到5万，这5万名外国人在广州的生活、工作离不开语言翻译，因此给广州的外语教育及翻译提出了新的要求,也为其提供客观的需求。亚运会作为国际大型运动会促进语言学习的进步,尤其对口语、韩语、马来西亚语等一些小语种的需求空前增加。市民学习这些小语种的需求大增,大大开拓广州外语教育市场。另外,亚运会的举办还增加对项目管理人才、广告人才、经济中介人才、公关人才和文秘语言人才的需求,增加就业的同时,也推动相关行业专业教育的进步。一场亚运会带来广州语言、公关、咨询、医疗、保健等行业培训与教育的巨大发展。

(五) 金融服务向前迈步

亚运会是一项庞大的社会工程,在场馆建设、市政建设、文化宣传、环境保护方面都需要巨额的投资。据官方统计,亚运场馆设施投资为72.48亿元,大规模的投资为金融业务拓展提供良好契机。随着近几年我国金融市场的逐步开放与健全,亚运会前后有更多的国外金融机构进驻广州,在给本土金融业带来挑战与冲击的同时,也带动广州金融市场整体的发展,增大金融市场业务的海外拓展空间。广州凭借其先天的区位优势以及后天培养起来的各方面优势,成为外商投资最活跃的区域。广州同时凭借临近香港的优势,利用香港健全发达的金融市场和金融服务业,给亚运建设提供可靠的金融支持。

2010年亚运会的举办,大大增加了广州旅游景点的访问量,提高来广州的境外旅游者数量,对广州旅游产生长期的推动效应,增加广州旅游的外汇收入。

三、讨论与思考

1. 广州亚运会期间发展服务贸易的策略有哪些?
2. 举办广州亚运会对推动广州服务贸易发展具有什么作用?具体体现在什么方面?
3. 广州发展服务贸易具有什么优势?

案例二　埃及积极拓展全球服务外包市场

一、案例介绍

近年来，埃及在全球服务外包市场异军突起，从 2003 年开展外包服务以来，埃及外包服务行业从无到有，迅速发展成为众多跨国公司眼中服务外包的新选择。凭借其高素质、低成本的人力资源，良好的投资环境和网络通信基础设施以及政府的大力支持，埃及在外包服务领域的发展后劲十足。目前，埃及已经在非洲服务外包市场中排名第一，全球经济论坛发布的《2008—2009 年全球信息技术发展报告》显示，在 2008 年全球服务外包城市排行榜上，埃及开罗从 2007 年的第 11 名上升为第 7 名，这也是其首次进入排行榜的前 10 名。

埃及电信公司旗下的 Xceed 公司是埃及本土开展外包服务的第一家公司。2003 年，该公司的呼叫中心建立，标志着埃及正式进军全球服务外包市场。目前该公司用多种语言为美国、英国、法国、意大利、西班牙、阿联酋、卡塔尔等国的客户提供服务，客户包括微软、甲骨文、通用汽车等跨国公司。而埃及 Raya 科技集团的全球呼叫中心则为埃及本土客户以及国外的客户提供外包服务，包括安联保险、联合利华、英特尔以及惠普等跨国公司。

同时，以 IBM 为代表的外国公司也纷纷在埃及拓展服务外包业务。目前，IBM 开罗技术研发中心已经有超过 500 名软件工程师，成为 IBM 全球产业链条中的重要组成部分，埃及信息产业部还同 IBM 达成了一项建立纳米技术研发中心的协议。IBM 全球服务执行中心也落户埃及，为客户提供商业咨询、计算机应用开发和维护、软件测试以及嵌入式软件升级服务。IBM 在埃及投入 3000 万美元用于服务外包领域。除此之外，甲骨文、法国 Teleperformance、德国 SQS 等公司也都相继在埃及开设全球服务中心，拓展服务外包业务。

二、案例分析

作为服务外包的承接国，埃及有着自己独特的优势和发展潜力。埃及每年的高校毕业生达到33000多名，而其中有1/3的学生专业是商业、贸易、计算机以及工程技术等。据统计，埃及每年有17000余名学生从各类工业技术学院毕业，为埃及服务外包行业提供了丰富的人力资源。这些毕业生不仅有着良好的专业素质和技术水平，而且能够熟练掌握和运用多种语言。埃及的高校毕业生绝大多数都能说一口流利的英语，有的还掌握法语、德语，多语种的背景使他们在服务外包领域更具竞争优势。

为了使高校毕业生更加符合服务外包行业的需要，埃及信息技术部和高等教育部联合开展了一项名为"埃及教育计划"的工程，为高校学生提供专项基金，培养其从事外包服务行业的专业技能，该工程也得到了IBM、英特尔以及惠普等公司的资助。此外，IBM还同埃及教育部门签订了人力资源培训发展协定，在高校建立IBM学院，开设服务科学、管理科学以及工程技术专业，培养外包服务人才。

在拥有高素质的从业人才的同时，埃及的人力资源成本在各新兴市场同样具有优势，目前，埃及服务外包行业平均工资约为每年2076美元，虽然高于印度和菲律宾，但和其主要竞争对手东欧国家如保加利亚相比，仍然具有较大优势。与人力资源优势相比，埃及的地理位置优势同样为其开展服务外包提供了良好的条件。埃及地处北非，紧邻欧洲和中东地区，前往欧洲各国首都的飞行时间都在4个小时以内，这大大降低了服务外包业务的交通成本。同时，由于处在相同或相邻的时区，埃及还非常适合为欧洲国家和中东国家提供近岸服务外包。而近岸服务外包由于其较低的成本和语言文化的相似性，已经成为当前全球外包服务市场的发展趋势。

多年来，埃及坚持经济改革，促进经济增长。据最新数据显示，即使面对国际金融危机的影响，埃及的GDP增长率仍达到4.5%。持续发展的经济形势为埃及大力发展服务外包提供了良好的投资环境，包括完善道路交通和供水、供电系统以及使其维持较低的运营成本。在埃及，用于开设呼叫中心的房租费用约为1平方米每年180美元，而这一价格在印度为220美元，在保加利亚则达到239美元。同时，埃及的互联网使用费和通信费同许多新兴市场国家相比，价格也相对较低。

同其他在服务外包领域取得成功的国家一样，埃及政府在促进外包服务市场发展过程中，也扮演着非常重要的角色。政府充分认识到信息技术对于国家发展的重大意义，于是积极投资网络基础设施建设，并且在政策上给予充分的支持。埃及政府大力发展固定线路、移动通信、宽带以及Wifi、WiMax 无线通信等网络业务。同时，在学校、图书馆等提供免费上网，在全国成立了 1500 余个互联网俱乐部，提高网络普及率。2008 年，埃及的互联网用户达到 829 万，拥有 4 万多个宽带网络链接点。在过去几年，埃及信息通信产业保持了每年 20% 的发展速度，也吸引了超过 80 亿美元的国内外投资。

为了更好地实现外包服务集群化发展，埃及政府还在开罗附近建立了"智慧村"（The Smart Village），能容纳 35000 人工作，而同样的工业园区也将在亚历山大和达米埃塔建立。此外，开罗麦阿蒂呼叫中心园区也在 2012 年全部建成，能够容纳 60000 人在此工作。

在政策制定上，埃及政府还通过了统一税法和反垄断法案，以减少信息工业产品的进口关税，打击软件盗版；对投资埃及信息产业基础设施建设的公司给予免税等一系列优惠政策，努力为服务外包行业发展营造良好的投资和发展环境。

正是由于埃及在服务外包领域拥有独特的优势和良好的发展前景，众多外国 IT 公司在面对国际金融危机不利影响的同时，在埃及则选择了加大投资力度。

三、讨论与思考

1. 埃及积极拓展全球服务外包市场的动因是什么？
2. 埃及在全球服务外包市场中具有什么优势？
3. 埃及的服务外包市场发展前景如何？

案例三 中澳自贸区谈判：服务业开放将成热点

一、案例介绍

谈判长达10多年的中国—澳大利亚自贸协定（FTA）在2015年6月正式签订，近年来，中澳双边贸易投资和人员往来快速发展。数据显示，2016年两国的进出口贸易额达到1078亿美元，为1972年建交时的1200多倍，近10年来每年的贸易增长近9%，超过了两国GDP的增速。中国自2009年以来一直是澳大利亚的第一大贸易伙伴、第一大出口市场和第一大进口来源地。

中澳FTA给两国经贸带来巨大红利。2017年3月，中澳两国签署《中澳自贸协定意向声明》，正式宣布将于2017年启动中澳自由贸易协定服务业、投资章节，以及关于投资便利化安排的谅解备忘录的审议，进一步释放中澳自贸区的红利，为中澳FTA升级版谈判预热。推动两国服务贸易预计将成为重点议题，如旅游、医疗和教育等。另外，以准入前国民待遇和负面清单模式来开展服务贸易和投资谈判，进一步扩大双边投资都将成为谈判话题。

二、案例分析

（一）医疗、旅游等领域服务业亟须开放

近年来，中澳双边贸易发展迅速，不仅货物贸易稳步上升，而且贸易结构上发生了明显变化，其中，服务业发挥着越来越重要的作用。作为中澳自贸协定还存在着继续深化拓展的空间，从目前来看，在自由贸易协定方面已经取得了实际的进展，达成协议本身主要是关于货物贸易自由化的协定，从下一个阶段来讲，作为一个高水平的自贸协定一定会涉及关于服务贸易自由化。澳大利亚是世界上首个对中国以负面清单方式做出服务贸

易承诺的国家,中国目前是澳大利亚服务贸易出口第一大国,中国又是澳大利亚最大的旅游收入国、留学生的来源国。

随着中国快速地步入老龄化的社会,以及社会收入阶层的分化,在高端的养老方面也有很大的需求市场,在医疗、教育和旅游方面需求仍然是投资的重点。尽管已签署的中澳 FTA 涉及了服务,但有一些并没有被包含进来,这主要包括法务、教育、电信、金融、旅游和医疗服务。由于中国和新西兰、韩国都签订了相对高质量的服务贸易协定,这使澳大利亚处于竞争中不利的地位,中澳进一步扩大服务贸易开放,有利于校正这一地位。中澳服务贸易覆盖的范围,将和中韩 FTA、中新 FTA 类似,在此基础上,一些部门对澳大利亚可能更为开放。中国作为一个制造业大国,需要澳方更多的服务供应商提供中间产品和中间性服务,从而推动中国制造业发展升级。

随着 FTA 的达成,服务贸易领域很多企业已经在积极开拓对方的市场,有的是以投资的方式去开发,有的是以自然人移动的方式开发。比如在自然人移动方面,澳方提供了假期工作者制度和一些特殊的签证制度,很多中国职业提供者对此非常感兴趣。升级版的 FTA 要有高水平投资协定,中澳 FTA 谈判升级需要一个更高水平的投资协定。尽管目前中澳之间已经有一个投资保护协定,但还没有建立在准入前国民待遇 + 负面清单的基础上。中国与欧美没有 FTA 基础还能单独谈判投资协定,而中澳已经有了货物贸易自由化的协定,在新的 FTA 框架内完全可以加入投资自由化的内容。升级版的 FTA 应更多地纳入地方合作的内容,目前中澳之间各有 30 多个友好城市等各类合作机制(不包括一些地方政府的合作),如果能通过 FTA 归纳与整合这些机制,可以有效降低合作机制碎片化带来的"意大利面碗效应",一根根绞在一起,剪不断,理还乱,以降低企业的成本。

(二)"一带一路"对接澳"北部大开发"

中澳两国可以积极考虑将澳大利亚的"北部大开发"和"国家基建计划"与中国的"一带一路"建设进行有效的战略对接,进一步扩大两国合作领域,提升合作层次。

中澳自贸协定极大地便利了双边贸易和投资,为两国经贸关系未来的发展确立了更加开放、便利和规范的制度安排。中国与澳大利亚之间协调各自立场至关重要,而有了自贸协定,双方的立场协调就容易找到共同的基础。随着中澳自贸协定的签署,两国在 RCEP(区域全面合作伙伴关系)谈判过程中的诉求也更容易趋近。要把 RCEP 谈判看作中澳自贸协定更高层次、更宽领域的延伸。贸易自由化和投资自由化,只要在某一个双边的协定谈判中取得了突破,很快就能够在面对其他的双边谈判,甚至是区域多边类似的协定谈判中都取得同样的进展,这是一个规律。

三、讨论与思考

1. 中澳服务贸易合作的领域热点在哪些地方?
2. 中澳两国推动服务贸易的合作会对两国带来什么机遇与发展?

第三编

知识产权保护

第十四章 集成电路知识产权的国际保护

章前导读

集成电路设计产品，指的是集成电路生产过程中的布图设计这一中间产品。布图设计是制造集成电路产品中非常重要的一个环节，它的开发费用一般要占集成电路产品总投资的一半以上。据集成电路行业的巨头英特尔公司的统计，集成电路的盗版可以节省90%以上的开发成本和一年半左右的开发时间。盗版厂商以低廉的成本复制集成电路的布图设计，极大挫伤了前期投入昂贵的研发费用的正规开发商的积极性。盗版问题已经成为集成电路产业发展的一个严重障碍。

案例

Brooktree 公司诉 AMD 公司案

一、案例介绍

被告 Advanced Micro Devices Inc（以下称"AMD 公司"）是美国一家大型半导体生产商。原告 Brooktree 公司则是一家从事设计、制造和销售用于计算机图形显示的半导体芯片产品的公司，规模相对较小。

Brooktree 公司称它在 1981—1986 年间共投资了大约 380 万美元以研究开发一种集成电路芯片，将数字图像信息转变成高频模拟信号，应用于高端处理计算机的显示器上。Brooktree 公司称 AMD 公司以低廉的价格推出了一种盗版芯片，以重占其失去的市场。这种盗版芯片复制了 Brooktree 公司的两种芯片（名称分别为 Bt451 和 Bt458），而这两种被盗版芯片占了 Brooktree 公司销售额的 40%。

Brootree 公司的布图设计中包括了具有静态存储器（SRAM）模块以及数模转换（DAC）功能模块，该电路一般被称为"调色板"电路。上述 SRAM 模块是 Brooktree 公司布图设计的核心部件。Brooktree 公司认为 AMD 公司的产品中复制了上述 SRAM 模块，因此指控 AMD 公司侵权。但是 AMD 公司则主张，其公司设计师 William Plants 是在对 Brooktree 公司芯片进行深入研究后，通过美国《半导体芯片保护法》允许的反向工程，设计出 AMD 公司自己的芯片。在其产品的集成电路中，除了 SRAM 模块，其余部分是与 Brooktree 公司的电路不同的。也就是说，AMD 公司产品中的集成电路与 Brooktree 公司登记的设计存在 20% 的不同。Brooktree 公司也同意上述说法，并确认 AMD 公司仅抄袭了其登记布图设计中的 SRAM 模块。AMD 公司主张按照 1984 年美国《半导体芯片保护法》的规定，被告需复制整个争议芯片才构成侵权，而 AMD 公司芯片中的非静态存储器部分不是复制的，因此不构成侵权。

1990 年 12 月，加利福尼亚的南部地区法院作出了初审判决，认为，对于被指控的芯片产品，被告 AMD 公司构成专利侵权和登记的掩膜作品（掩模作品是布图设计的一种表现方式）侵权，判令被告 AMD 公司赔偿原告 Brooktree 公司侵权损害赔偿费 2500 多万美元；对于侵权芯片产品，法院发布永久禁令。原被告对上述判决均表示不服，分别提起上诉，美国联邦驳回上诉法院，维持了原判。

二、案例分析

（一）集成电路布图设计的相关概念

集成电路设计产品，指的是集成电路生产过程中的布图设计这一中间产品。布图设计是制造集成电路产品中非常重要的一个环节，它的开发费用一般要占集成电路产品总投资的一半以上。不法厂商抄袭他人的布图设计，就能仿造出相同的集成电路产品，而其成本却比原开发者的少得多。这种抄袭行为严重损害了产品开发者的利益，而传统的物权法却对之束手无策。这是因为布图设计具有无形财产的性质特点，必须利用知识产权法予以保护。

1984年，美国国会第98次会议通过了《半导体芯片保护法》，该法于当年11月8日生效。此后短短的几年里，先后制定类似单行法的国家有日本、瑞典、德国、英国、法国、荷兰、丹麦、西班牙等。尽管各国给法律所取的名称不同，但其实质内容大致都是一样的，美国的法律名称是《半导体芯片保护法》（Semiconductor Chip Protection Act），日本的法律名称是《有关半导体集成电路的电路布局法》（Act Concerning the Circuit Layout of a Semiconductor Integrated Circuit），德国的法律名称是《微电子半导体产品的拓朴图保护法"（Law on the Protection of the Topographies of Microelectronic Semiconductor Products）。1989年，世界知识产权组织（WIPO）召开了缔结集成电路知识产权保护条约外交会议，通过了《关于集成电路知识产权条约》（Treaty on Intellectual Property in Respect of Integrated Circuits），我国是该条约的参与国。

我国在2001年3月28日通过了《集成电路布图设计保护条例》，并于2001年10月1日起正式施行。同年9月18日，国家知识产权局根据该条例制定了《集成电路布图设计保护条例实施细则》，并于2001年10月1日起正式施行。

我国《集成电路布图设计保护条例》对涉及集成电路保护的相关概念进行了界定，具体包括：

1. 集成电路，是指半导体集成电路，即以半导体材料为基片，将至少有一个是有源元件的两个以上元件和部分或者全部互连线路集成在基片之中或者基片之上，以执行某种电子功能的中间产品或者最终产品。

2. 集成电路布图设计（以下简称"布图设计"），是指集成电路中至少有一个是有源元件的两个以上元件和部分或者全部互连线路的三维配置，或者为制造集成电路而准备的上述三维配置。

3. 布图设计权利人，是指依照本条例的规定，对布图设计享有专有权的自然人、法人或者其他组织。

4. 复制，是指重复制作布图设计或者含有该布图设计的集成电路的行为。

5. 商业利用，是指为商业目的进口、销售或者以其他方式提供受保护的布图设计、含有该布图设计的集成电路或者含有该集成电路的物品的行为。

（二）集成电路布图设计专有权的内容

根据我国《集成电路布图设计保护条例》第七条的规定，布图设计权利人享有下列专有权。

1. 对受保护的布图设计的全部或者其中任何具有独创性的部分进行复制；

2. 将受保护的布图设计、含有该布图设计的集成电路或者含有该集成电路的物品投入商业利用。

也就是说，集成电路布图设计专有权人享有复制权和商业利用权，他人未经集成电路布图设计专有权人的许可，不得实施上述专有权内容的行为，否则就构成对布图设计专有权的侵犯，依法应承担相应的法律责任。

（三）反向工程的认定

反向工程，是指通过技术手段对从公开渠道取得的产品进行拆卸、测绘、分析等而获得该产品的有关技术信息。通过反向工程等方式获得的商业秘密，不认定为反不正当竞争法规定的侵犯商业秘密行为。

就传统行业而言，实施反向工程通常并不容易。但集成电路产业是一种研发艰难而仿制容易的产业，布图设计很容易通过反向工程获得。如果像对待传统产业那样允许实施人直接利用反向工程获得的技术生产产品，则竞争者会忙于复制他人的布图设计而不去开发新产品，也会给布图设计的开发者造成极大的损失。因此，针对集成电路反向工程问题，应该增加反向工程实施人的成本。

按照美国《半导体芯片保护法》的规定，竞争者不能完全复制他人的布图设计，必须对他人的布图设计予以创新并生产出有独创性的新的布图设计。关于独创性的认定，理论上和实践中有三种判断标准。

第一，书面痕迹标准。书面痕迹是指在研制开发新的布图设计的过程中有关各个阶段进展情况的书面资料，包括线路图和逻辑图、试验性的布图、集成电路的计算机模拟等。美国国会在关于《半导体芯片保护法》的报告中指出，书面痕迹资料可以证明竞争者在实施反向工程时付出了大量的劳动和资本投入，可以推断竞争者生产出的新的布图设计具有独创性。本案当中，AMD 公司为了证明其芯片是通过方向工程开发出来的，向法院提供了设计师 William Plants 的大量研发文件材料。而 Brooktree 公司则认为，AMD 公司所提供的大量文件材料显示设计师 William Plants 的自主研发并没有成功，直到 William Plants 非法复制了 Brooktree 公司芯片之后，他的设计才在短时间内获得了成功，因此 AMD 公司的行为并不构成反向工程。

第二，实质性相似标准。有学者认为，只要竞争者完成的布图设计与在先的布图设计不存在实质性相似，就可认为该布图设计具有独创性。如果竞争者生产的布图设计与已有的布图设计实质性相似，就说明竞争者部分或全部复制了已有的布图设计，其行为则构成了侵权。本案当中，地方法院调查发现，被告与原告的布图设计虽然存在 20% 的不同，但 AMD 公司的布图设计直接复制了 Brooktree 公司芯片中的静态存储器模块，而静态存储器模块是 Brooktree 公司芯片的核心模块，这样 AMD 公司芯片的布图设计和 Brooktree 公司芯片的布图设计构成了实质性相似。法院认为，只要被控侵权的掩膜作品和登记的掩膜作品在核心部分是实质性相似的即构成侵权，并不需要整个受保护的芯片被复制。

第三，功能性优化标准。在该标准下，被控侵权人需要证明其反向工程所产生的布图设计依据相关的技术标准，其功能应当优于在先的布图设计。而相关的技术标准包括缩小芯片的尺寸、提供芯片的耐热性等。该主张的理论依据是美国国会的研究报告："法律之所以允许反向工程，是为了促进创新和技术的进步，以促使竞争者开发更快的高效率的芯片来执行近似的或相关的功能。"目前，功能性优化标准中的集成度提高标准已经经常被运用于判断布图设计是否满足独创性要求。集成度的提高在集成电路领域被认为是功能提高的一大标志。集成度的提高意味着芯片的储存与分析信息的能力更加优越，因此被认定为更加具有独创性。

在认定反向工程是否具备独创性时，法院一般会综合考虑以上三个标准。

三、讨论与思考

1. 什么是集成电路布图设计专有权？
2. 什么是反向工程？
3. 认定反向工程是否具备独创性的标准有哪些？

第三编　知识产权保护

第十五章　驰名商标的国际保护

章前导读

最早涉及驰名商标保护的国际公约是《保护工业产权巴黎公约》（以下简称《巴黎公约》），但《巴黎公约》仅仅笼统地提到了驰名商标以及如何保护驰名商标的问题，至于何为驰名商标及其认定标准是什么，并未给出明确的答案。《与贸易有关的知识产权协定》（以下简称《TRIPS 协定》）比《巴黎公约》前进了一步。《TRIPS 协定》第十六条第二款规定："确认某商标是否系驰名商标，应顾及有关公众对其知晓程度，包括在该成员地域内因宣传该商标而使公众知晓的程度。"国际条约中并没有对驰名商标的概念进行明确规定，而是将具体的认定范围和权限留给各国自行规定。

案例

辉瑞有限公司等申请不正当竞争、侵犯未注册驰名商标权纠纷再审案

一、案例介绍

申请再审人（一审原告、二审上诉人）：辉瑞有限公司（Pfizer Inc.）。
申请再审人（一审原告、二审上诉人）：辉瑞制药有限公司。
被申请人（一审被告、二审被上诉人）：江苏联环药业股份有限公司。
二审被上诉人（一审被告）：北京健康新概念大药房有限公司。

二审被上诉人（一审被告）：广州威尔曼药业有限公司。

申请再审人辉瑞有限公司（以下简称"辉瑞公司"）、辉瑞制药有限公司（以下简称"辉瑞制药公司"）与被申请人江苏联环药业股份有限公司（以下简称"联环公司"）及二审被上诉人（一审被告）北京健康新概念大药房有限公司（以下简称"新概念公司"）、广州威尔曼药业有限公司（以下简称"威尔曼公司"）因不正当竞争、侵犯未注册驰名商标权纠纷一案，北京市高级人民法院于2008年3月20日做出（2007）高民终字第1685号民事判决，已经发生法律效力。

2009年3月16日，辉瑞公司、辉瑞制药公司向最高人民法院申请再审。

辉瑞公司与辉瑞制药公司申请再审称，早在威尔曼公司于1998年6月2日申请注册"伟哥"商标之前，相关公众已经使用"伟哥"一词指称Viagra产品。在相关公众心目中，"伟哥"商标唯一对应Viagra产品，是Viagra的中文名称（别名）。"伟哥"在事实上成为标识Viagra产品来源的商标，成为申请再审人的商标，申请再审人对"伟哥"享有合法的在先权利。

威尔曼公司申请注册、使用"伟哥"商标，具有明显的恶意。因为相关公众约定俗成的使用，"伟哥"同样也已经构成申请再审人的Viagra产品这一知名商品的特有名称，根据《中华人民共和国反不正当竞争法》第五条第二项的规定，联环公司擅自在其生产的"甲磺酸酚妥拉明分散片"上使用"伟哥"商标，使相关公众产生混淆误认，构成不正当竞争。

二审法院没有正确认定申请再审人的正当权利及被申请人的不正当竞争行为，在事实认定及法律适用上均存在错误，请求判令：（1）撤销北京市高级人民法院（2007）高民终字第1685号民事判决。（2）认定威尔曼公司申请注册"伟哥"商标的行为是非法抢注行为，构成不正当竞争。（3）威尔曼公司立即停止对"伟哥"商标进行许可和广告宣传等不正当竞争行为。（4）联环公司、新概念公司立即停止生产、销售带有"伟哥"商标药品的不正当竞争行为。（5）威尔曼公司、联环公司立即停止印制和使用"伟哥"商标的不正当竞争行为，并销毁全部"伟哥"商标标识及用于印制"伟哥"商标标识的工具。（6）联环公司、新概念公司、威尔曼公司共同赔偿经济损失及与本案有关的合理支出人民币50万元。（7）联环公司、新概念公司、威尔曼公司发布经其同意、澄清事实的公告等有效措施消除影响,并在《中国医药报》《法制日报》和《人民日报(海外版)》等媒体上向申请再审人赔礼道歉。

联环公司辩称,申请再审人"Viagra"产品的商品名是"万艾可",威尔曼公司是最早申请和使用"伟哥"商标的权利人。申请再审人从未使用过"伟哥"商标,其对"伟哥"商标不享有任何权益。相关公众并未将"伟哥"商标唯一对应申请再审人的"Viagra"产品,申请再审人在媒体上发布的《律师声明》也声称"Viagra"药品的商品名是"万艾可",中国商标法适用"注册在先"原则,威尔曼公司申请"伟哥"文字商标的行为符合法律规定,不是非法抢注。

申请再审人关于"威尔曼公司申请注册'伟哥'商标的行为是非法抢注行为,构成不正当竞争"的请求属于新的诉讼请求,已超出本案原审的审理范围。

申请再审人没有任何证据证明"伟哥"构成申请再审人的知名商品的特有名称,且基于知名商品特有名称的不正当竞争指控也已超出本案原审的审理范围。

威尔曼公司辩称,其与联环公司的意见相同。

新概念公司没有辩称意见。

经最高院审查查明,1997 年 11 月 28 日,辉瑞公司的第 1130739 号"VIAGRA"文字商标在中国获得注册,指定使用的商品为第 5 类人用药、医用制剂,有效期经续展至 2017 年 11 月 27 日止。

2001 年 1 月 28 日,该商标经核准转让与辉瑞产品有限公司(Pfizer Products Inc.)。

1998 年 9 月 29 日,《健康报》报道伟哥(Viagra)是枸橼酸西地非尔的商品名;1998 年 10 月 8 日,《南方都市报》登载的《IT 大亨染指壮阳药》一文中提及"伟哥"(Viagra);1998 年 10 月 22 日,《浙江经济日报》登载的《诺贝尔奖与"伟哥"》一文称 Viagra(伟哥)是美国辉瑞药厂制造;1998 年 10 月 26 日,《南方日报》登载的《"伟哥",想说爱你不容易》一文称"伟哥"(Viagra)原是美国辉瑞制药公司 1992 年开发的用于治疗心绞痛的新药;1998 年 11 月 7 日,《重庆晚报》登载的《伟哥:笑傲江湖》一文称"伟哥"的英文名称 Viagra 由 Vigor(活力)与 Niagara(尼亚加拉瀑布)两字合成;1998 年 11 月 21 日,《信息时报》登载的《也谈"伟哥"》一文中提及"伟哥"(Viagra);1998 年 11 月 25 日,《中国青年报》登载的《"伟哥"是什么，怎么样？》一文称"伟哥"是英文 Viagra 的音译，化学名称是枸橼酸西地非尔；原珠海出版社出版了名称为《伟哥报告——蓝色精灵 Viagra》的出版物；1998 年 10 月 16 日至 2003 年 9 月 28 日，《海口晚报》《青年报》《参考消息》《经济日报》《羊城晚报》《法制日报》《人民日报》《南方都市报》《北京青年报》等二十几家报刊的 26 份报道摘录中多将"Viagra"称为"伟哥"、称"伟哥"（Viagra）的生产者为辉瑞公司或辉瑞制药厂，主要内容为媒体对"Viagra"的药效、销售情况、副作用的介绍以及评论性的文章。

《新时代汉英大词典》2000 年版第 1601 页和 2002 年版第 1232 页对"伟哥"词条的解释为：也称"威尔刚"Viagra、"万艾可"Viagra，用于治疗男性功能障碍的美国药品商标。

国家原药品监督管理局（以下简称"国家药监局"）国药管市 [1999] 72 号文件"关于查处假药'伟哥'的紧急通知"（简称"第 72 号文件"），载有如下内容："近来，国内一些省市出现了销售'伟哥'（英文名：VIAGRA）的情况，并有不断扩大的趋势，一批未经审批的药品'伟哥'进入了市场……'伟哥'为美国辉瑞制药有限公司生产的药品，该药品在我国正处于临床研究阶段……目前，国内除有关医院正用于临床实验的该药品外，市场销售的'伟哥'均为假药……"等。

中国药科大学、威尔曼国际新药开发中心和威尔曼公司致国家药监局"请求国家药品监督管理局澄清有关药名的请示报告"，内容为询问第 72 号文件中所说的"伟哥"是否指当时"西地那非"的商品名或通用名。

国家药监局药管市函 [2000] 19 号文件"关于对请求国家药品监督管理局澄清有关药名的请示的复函"，其主要内容为：在第 72 号文件中采用了以带引号的"伟哥"和英文名"VIAGRA"的标注等指当时在中国市场上出现的此种假药，以便于各地药品监督管理部门的查处，并非对美国辉瑞制药有限公司"西地那非"通用名或商品名的认定。

辉瑞公司为支持"伟哥"是其在中国未注册的驰名商标的主张，还提交了 1998 年 4 月 30 日美国《世界日报》、1998 年 6 月 8 日香港《天天日报》、1998 年 6 月 8 日香港《东方日报》的报道摘要，上述报道中均提及"伟哥"（Viagra）、生产商为美国辉瑞药厂等。

辉瑞制药公司发布的"律师声明"主要内容有："由美国辉瑞制药公司研发生产的药品 Viagra 已由国家药品监督管理局批准，正式进入市场，万艾可为正式的商品名。万艾可是经国家工商行政管理局商标局批准注册的商标。辉瑞制药有限公司是万艾可商标的拥有者……"

2004年7月21日,中国国际贸易促进委员会专利商标事务所的代理人邱宏彦在新概念公司经公证购买了"伟哥"药品一盒。

该购买过程由长安公证处进行了证据保全公证。

"伟哥"药品的包装盒、药品说明书、药片包衣上均标有"伟哥"字样和联环公司企业名称,药片上亦标有"伟哥"字样。

该"伟哥"产品是联环公司生产,新概念公司销售。

威尔曼公司于1998年6月2日向商标局提出"伟哥"商标的注册申请,并于2002年6月22日获得初步审定公告,初步审定号为1911818,指定使用商品为人用药、生化药品等。

2002年9月20日,辉瑞公司就威尔曼公司申请注册的"伟哥"商标向商标局提出商标异议申请。

2004年4月7日,商标局核准该"伟哥"商标转让注册,受让人为广州威尔曼新药开发中心有限公司(简称"威尔曼新药公司")。

2005年1月5日,威尔曼新药公司与联环公司签订"'伟哥'商标使用许可合同"约定:威尔曼新药公司许可联环公司在其甲磺酸酚妥拉明分散片上使用第1911818号"伟哥"商标,许可使用期限暂定一年。

1998年8月12日,辉瑞公司向商标局提出"伟哥"文字商标的注册申请,该商标申请被驳回,后进入商标驳回复审阶段。

2005年7月28日,辉瑞公司与辉瑞制药公司订立"商标授权协议第三次修订案",授权辉瑞制药公司使用其在中国申请的"伟哥"商标。

辉瑞制药公司是1989年10月7日经核准登记成立的中外合资经营企业,其生产经营范围为化学药品原料药、制剂药等。

2005年10月11日,辉瑞公司、辉瑞制药公司以不正当竞争及侵犯未注册驰名商标权为由,向北京市第一中级人民法院提起诉讼。

一审庭审中,辉瑞公司、辉瑞制药公司承认其在中国内地未使用过"伟哥"商标。

最高院另查明,2008年12月17日,商标局在(2008)商标异字第10226号及10227号商标异议裁定书中认为,"Viagra"是辉瑞公司研制生产的一种专治男性阳痿的药品名称,并作为商标在我国进行了注册。经多年宣传使用,"伟哥"已实际成为与该药品及商标所对应的中文标识,且为社会公众所知晓。在（2008）商标异字第10226号商标异议裁定中，商标局裁定对威尔曼新药公司的第1911818号"伟哥"商标不予核准注册。

最高院认为，国家药监局的第72号文件中，采用"伟哥"和"VIAGRA"的标注，并非是对美国辉瑞制药有限公司"西地那非"通用名或商品名的认定。《新时代汉英大词典》中对"伟哥"词条的解释不足以证明"Viagra"即为"伟哥"。辉瑞制药公司在其发布的"律师声明"中声称其研发生产的药品"Viagra"的正式商品名为"万艾可"。

因此，辉瑞公司关于"伟哥"商标唯一对应Viagra产品，是Viagra的中文名称，成为标识Viagra产品来源的再审理由无事实依据。

商标法第十三条第一款规定，就相同或者类似商品申请注册的商标是复制、摹仿或者翻译他人未在中国注册的驰名商标，容易导致混淆的，不予注册并禁止使用。

《最高人民法院关于审理商标民事纠纷案件适用法律若干问题的解释》第二条规定，根据商标法第十三条第一款的规定，复制、摹仿、翻译他人未在中国注册的驰名商标或其主要部分，在相同或者类似商品上使用，容易导致混淆的，应当承担停止侵害的民事法律责任。

根据法院查明的事实，1998年9月29日《健康报》等7篇报道、原珠海出版社出版的《伟哥报告——蓝色精灵Viagra》以及《海口晚报》等26份媒体的报道中虽然多将"伟哥"与"Viagra"相对应，但因上述报道均是媒体所为而并非两申请再审人所为，并非两申请再审人对自己商标的宣传，且媒体的报道均是对"伟哥"的药效、销售情况、副作用的一些介绍、评论性文章。

辉瑞制药公司也明确声明"万艾可"为其正式商品名，并承认其在中国内地未使用过"伟哥"商标。

故媒体在宣传中将"Viagra"称为"伟哥"，亦不能确定为反映了两申请再审人当时将"伟哥"作为商标的真实意思。

故申请再审人所提供的证据不足以证明"伟哥"为其未注册商标。

原审法院对"伟哥"是辉瑞公司的未注册驰名商标的事实主张不予支持，并据此认定联环公司和新概念公司生产、销售使用"伟哥"商标药品的行为，并未构成上述法律所规定的应当承担停止侵害的民事法律责任的情形，并无不当。

关于申请再审人在案件审查期间提交的商标局商标异字第10226号、

10227号商标异议裁定书，是商标局针对案外人威尔曼新药公司第1911818号"伟哥"商标及其他商标是否应予注册的认定。

该裁定的认定结论并不影响该案民事诉讼中法院依据查明的相关事实做出的相关认定。

另外，申请再审人在该案原审中并未主张"伟哥"是其知名商品的特有名称，"伟哥"是否申请再审人的知名商品特有名称以及被申请人是否擅自使用了申请再审人所主张的知名商品特有名称"伟哥"，不属于该案的审理范围。

综上，最高院驳回辉瑞有限公司、辉瑞制药有限公司的再审申请。

二、案例分析

（一）驰名商标的概念

最早涉及驰名商标保护的国际公约是《巴黎公约》，但《巴黎公约》仅仅笼统地提到了驰名商标以及如何保护驰名商标的问题，至于何为驰名商标及其认定标准是什么，并未给出明确的答案。《TRIPS协定》比《巴黎公约》前进了一步。《TRIPS协定》第十六条第二款规定："确认某商标是否系驰名商标，应顾及有关公众对其知晓程度，包括在该成员地域内因宣传该商标而使公众知晓的程度。"

国际条约中之所以不对驰名商标的概念进行明确规定，并将具体的认定范围和权限留给各国自行规定，是考虑到各国商标立法模式的差异而做出的制度安排。

我国2014年修订后的《驰名商标认定和保护规定》第二条规定："驰名商标是在中国为相关公众所熟知的商标。相关公众包括与使用商标所标示的某类商品或者服务有关的消费者，生产前述商品或者提供服务的其他经营者以及经销渠道中所涉及的销售者和相关人员等。"

（二）未注册驰名商标的保护

未注册驰名商标是没有注册但达到驰名程度的商标。由于这类商标没有注册，在包括我国在内的很多实行注册原则的国家，对其的保护具有一定的特殊性。案例中再审申请人辉瑞公司所主张的事实之一就是"伟哥"

是其未注册的驰名商标。但法院最终并没有支持辉瑞公司的这一主张，之所以出现这样的结果，关键是要弄清楚我国有关未注册驰名商标的保护规则。

《中华人民共和国商标法》（以下简称《商标法》）第十三条规定："为相关公众所熟知的商标，持有人认为其权利受到侵害时，可以依照本法规定请求驰名商标保护。就相同或者类似商品申请注册的商标是复制、摹仿或者翻译他人未在中国注册的驰名商标，容易导致混淆的，不予注册并禁止使用。"

《最高人民法院关于审理商标民事纠纷案件适用法律若干问题的解释》第二条规定："根据商标法第十三条第一款的规定，复制、摹仿、翻译他人未在中国注册的驰名商标或其主要部分，在相同或者类似商品上使用，容易导致混淆的，应当承担停止侵害的民事法律责任。"

由此可见，虽然我国《商标法》实行注册获得商标权的原则，但《商标法》及相关的司法解释均对未注册的驰名商标给予保护，这里需要进一步探讨的是如何认定驰名商标的问题。

根据我国《商标法》第十四条的规定，认定驰名商标应当考虑下列因素：（1）相关公众对该商标的知晓程度；（2）该商标使用的持续时间；（3）该商标的任何宣传工作的持续时间、程度和地理范围；（4）该商标作为驰名商标受保护的记录；（5）该商标驰名的其他因素。

在本案当中，辉瑞公司在一审及二审当中均主张"伟哥"系其未注册驰名商标，并提供了大量的新闻媒体对"伟哥"产品的报道作为证据。但法院认为，相关报道均是对"伟哥"的药效、销售情况、副作用的一些介绍、评论性文章，均是媒体所为而并非两申请再审人所为，并非两申请再审人对自己商标的宣传。此外，庭审中辉瑞公司、辉瑞制药公司承认其在中国内地未使用过"伟哥"商标。据此，法院判决，由于辉瑞公司、辉瑞制药公司从未实际使用"伟哥"商标，亦未举证证明其对"伟哥"商标进行了广告宣传，且不能提供"伟哥"商标在中国作为驰名商标受保护的记录以及其他可以证明"伟哥"驰名的证据，故其"伟哥"是辉瑞公司的未注册驰名商标的主张不能成立。

从法院的判决来看，在认定驰名商标的过程中，该商标的使用情况是一个关键因素。为什么法院将商标的使用情况作为一个关键考量因素，这要从商标权的保护客体说起。

关于商标权的客体，通常认为是商标，但有学者主张应是商标承载的信誉。该观点指出，商标的产生有的虽然付出一定的智慧劳动，譬如设计具有独创性和艺术品位的商标标识，但是，它只占全部智慧劳动中很小的一部分。而该商标所承载的商誉却是商标权人投入大量辛勤的甚至长期的智慧劳动所凝聚的结晶。此外，将商标权的客体仅表述为商标，容易被商标当事人误解，以为只要占有了商标就于法有据地享有了商标的一切权利，对抢注他人商标者而言，以为自己即可以排斥他人正当的商标使用；而将商标权的客体表述为商标所承载的商誉，则可指明抢注他人商标者行为实质是通过抢注他人商标而盗用他人商誉以谋利。

因此，在实行注册原则的国家，商标的注册固然重要，但注册仅仅是完成商标运营法律步骤的第一步，重要的是通过商标使用而建立商标的信誉。驰名商标之所以驰名，之所以需要给予特殊保护，也在于长期使用所产生的较高声誉和信誉，不容被他人随意占有。由此可见，我国《商标法》和有关司法解释对未注册驰名商标的保护，本质上是确认了未注册驰名商标所有人对其未注册驰名商标享有一种基于使用而获得的专有权利。

综上所述，法院不支持"伟哥"是辉瑞公司未注册驰名商标的主要原因，在于辉瑞公司并没有实际使用"伟哥"商标。

三、讨论与思考

1. 我国《商标法》关于驰名商标的认定因素有哪些？
2. 驰名商标认定的公众范围标准是什么？
3. 对未注册驰名商标的保护有哪些限制？

第十六章 数据库的法律保护

章前导读

数据库本是计算机行业的一个专业术语,其基本含义是指为满足特定用户群体的需要,按照一定的数据模型在计算机系统中组织、存储和使用的互相联系的数据集合。在法学意义上的数据库与计算机行业中的专有名词并不是同一含义。随着大数据时代的到来,人们越来越关注数据库的建设,对数据库的保护也显得越来越重要,但由于数据信息本身并不是数据库所有权人所创造,对数据的合理利用并不能认定为数据库侵权行为,因此确定哪些数据库权利是法律所保护的内容是非常重要的问题。

案例

英国赛马委员会诉 William Hill 公司数据库侵权案

一、案例介绍

原告英国赛马委员会(The British Horseracing Board,简称 BHB)是英国当时赛马行业的管理机构。BHB 为了组织安排赛马,独立开发了一个有关赛马信息的数据库,该数据库会实时更新赛马的相关信息。BHB 的这一数据库包括了原始数据的搜集、数据库的设计、数据库内部数据的选择与确认以及所选数据的嵌入和整理。作为赛马信息的处理中心,BHB 对数据库信息准确度要求非常严格。为此 BHB 每年要花费 400 万英镑和聘请

80名员工来维持数据库的正常运作。这个数据库累积了多年的数据，包括注册的赛马所有者、注册的训练员、注册的骑师以及赛马的血统等。对于每一场即将举行的比赛，该数据库都会提供相关的信息，包括具体的比赛时间和地点、比赛的奖项、赛马的名单、赛马所有者及训练员的信息、骑师、赛马的负重、赛马的号码、闸号等信息。

BHB 会将数据库的相关信息通过协议提供给有兴趣的公司。Satellite Information Services Limited（SIS）通过与 BHB 的协议获得了 BHB 提供的数据，同时根据协议 SIS 公司可以将这些数据进一步提供给它的订阅者。

本案的被告 William Hill Organization Ltd.（以下简称 William Hill）是一家著名的提供场外下注的投注公司，其订阅了 SIS 公司的数据服务。William Hill 公司拥有自己的投注网站，其中有两个网页可以向客户提供赛马的相关实时信息，这些信息都来源于 BHB 的数据库。

BHB 认为 William Hill 公司未经授权使用了其数据库，构成了侵权，于是向法院提起诉讼，要求 William Hill 公司停止侵权并赔偿损失。William Hill 公司认为 BHB 无法证明其所使用的数据来源于 BHB，因此不构成侵权。

一审法官支持了原告 BHB 的诉讼请求，认为 BHB 的数据库含有大量与赛马有关的记录信息，BHB 为建立和维护其数据库做出了实质性的投入，应当受到数据库特殊权利保护。被告间接使用了原告数据库的核心信息，构成对数据库内容实质性部分的提取和再利用，也是以重复和系统的方式提取和再利用了数据库的非实质性部分。因此，一审法官认定被告侵权成立，向被告颁发了禁令。英国上诉法院的终审判决中，推翻了一审的判决结果，按照欧洲法院对于实质性投资的理解，认定 BHB 的赛马数据库是其组织安排比赛过程中逐渐积累产生的信息，并不是独立的资料，BHB 每年花费巨额的投资是为了制作比赛信息来组织比赛，而不是为了收集比赛信息。所以，尽管 BHB 为数据库付出了巨额的投资，但是这些投资并不是直接用于数据库的收集、矫正和表达，即使这些资料后来编入数据库中，这部分资源仍然不能计入该部分的"投资"，不得援用欧盟《关于数据库法律保护的指令》（以下简称《指令》）第 7 条的数据库特殊权利。

二、案例分析

（一）数据库的概念

数据库本是计算机行业的一个专业术语，其基本含义是指为满足特定用户群体的需要，按照一定的数据模型在计算机系统中组织、存储和使用的互相联系的数据集合。在法学意义上的数据库与计算机行业中的专有名词并不是同一含义。

从知识产权保护的角度，数据库在法律意义上的概念主要体现在相关的立法当中。与贸易有关的知识产权协议（TRIPS）尽管没有明确提到数据库这个字眼，但该协议第10条第2款规定："数据或其他材料的汇编，无论以机器可读形式还是以其他形式表现出来，由于其内容的选择或编排构成智力创作，应受同等保护。此种保护不应延及数据或材料本身，并不得减损对数据或材料本身业已存在的版权。"而比较权威的定义则应属1996年欧盟发布的《指令》第1条第2款规定的："在本指令中，'数据库'是指经系统或有序安排，并可通过电子或其他手段单独加以访问的独立的作品、数据或其他材料的集合。凡在其内容的选择与编排方面体现了作者自己的智力创作的数据库，均可据此获得版权保护，本规定是判断数据库能否获得版权保护的唯一标准。"

（二）对数据库进行知识产权保护的重要性

信息技术的进步推动了数据库的诞生，大量的数据能够以数字格式创建，或者被转化成数字格式，扫描仪和其他设备使得数据的数字转化成为可能。数据的数字化反过来减少了存储成本。例如，如果人类基因组的DNA结构被编辑在纸件上，它将高达20万页，但以数字格式对这些文件进行物理存储只需要几张光盘就可以实现。

计算机程序可以快速和准确地检索数据，这使得人们获取和使用数据的能力得到很大的提高，而这又进一步推动了数据存储容量的发展。此外，由于计算机网络的发展，人们访问数据更加便利，这使数据库的市场发展更加广阔。

几乎在商业和科学的每一方面，能够获取的大量原始信息日益增加，创建容纳这些数据的数据库成为广泛需求，其市场潜力也越来越大，因此，对数据库的法律保护要求越来越高。同时，随着他人复制数据库的技术能力的日益提高，以及日渐感受到的现有法律制度（例如版权）保护的不足，对数据库提供特别法保护的要求倍增。非权利人可以使用计算机技术快速地从数据库下载数据，而这几乎不需要任何成本。这种复制能够在地球上的任何地方进行，只要打算复制的人已经进入了所需的计算机系统。因此，数据库所有者主张他们需要特别立法保护，以使他们在创建和商业开发数据库方面的投入免受搭便车者的侵害，因为搭便车者能够迅速而便利地复制他们所创建和维护的数据库。

（三）数据库上的专门权利（Sui Generis Right）

本案当中，原告 BHB 指控被告 William Hill 公司从 SIS 公司获得了 BHB 的全部或实质性数据并摘录和再利用了这些数据，其行为违反了《指令》第 7 条第 1 款的规定，构成对原告 BHB 数据库特殊权利的侵犯。此外，原告 BHB 也指出，即使 William Hill 公司所摘录和再利用的数据不构成数据库中的实质性部分，但根据《指令》第 7 条第 5 款的规定，被告的行为也是应该被禁止的。

根据欧盟《指令》第 7 条第 1 款和第 2 款的规定，数据库特殊权利（Sui Generis Right），是指制止他人摘录或再利用数据库内容之全部或重复部分的权利。其中摘录（Extraction）是指将数据库内容之全部或重要部分，通过任何手段，以任何形式，暂时或永久地转移至另一媒体上。在联网的计算机上调阅某一数据库的内容，由于技术上需使代表数据库内容的电子信号暂存于电脑的随机存储器（RAM）中，因而也构成提取。再利用（Re-utilization）则是指通过发行或出租复印件、提供在线服务或其他形式的传输服务等方法，以任何形式向公众提供数据库内容的全部或重要部分。另外，该《指令》第 7 条第 5 款规定，对数据库非实质性部分的摘录或再利用行为，如果与正常的摘录行为相冲突或者不合理地损害了数据库建立者的法定利益，那该行为也应是被禁止的。

一审法院认定被告 William Hill 公司的行为构成侵权并颁发了禁令。二审法院则认为，《指令》所保护的对数据库的投资利益，应是针对从现有数据当中挖掘和收集建立起来的数据库，而不是针对创造数据本身的投资，其认为 BHB 公司的数据库是其经营赛马赛事当中自然生成的，BHB

的投资并不是专门针对这些生成的数据进行挖掘和收集。此外，二审法院还指出，William Hill 公司所使用的数据不构成 BHB 数据库的实质性部分，其对该数据的使用符合正常使用的范围，也没有严重损害 BHB 的投资利益。据此，二审法院推翻了一审法院的判决，判决 William Hill 公司的行为不构成侵权。

三、讨论与思考

1. 数据库的概念是什么？
2. 各国对数据库保护的立法有哪些？
3. 欧盟《关于数据库法律保护的指令》中的数据库特殊权利是什么？

第三编　知识产权保护

第十七章　互联网域名及有关问题

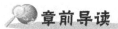
章前导读

域名（Domain Name）就是网址，是指在因特网上用来区别不同网站主页的网络地址。与商标一样，域名具有标识功能。但与商标不一样的是，域名的权利主体具有全球唯一性，而同一商标在不同的国家或地区可能为不同的人所有。虽然与商标一样，域名也是采取在先注册原则，但世界各地的域名注册机构一般仅提供技术服务，而不负责对域名是否侵犯他人在先的商标专用权和相关利益进行实质审查。也正因为这一原因，目前较多出现的案件往往商标信息被他人抢注为域名，导致原商标权人利益受到损害，也容易给消费者造成混乱。

案例

案例一　李谋江与 NCR 国际公司网络域名权属纠纷案

一、案例介绍

上诉人（原审原告）李谋江，南昌市南昌人网络信息中心经营者。

被上诉人（原审被告）NCR 国际公司，住所地为美利坚合众国俄亥俄州 45479 代顿市西帕特森林荫道 1700 号。

法定代表人道格拉斯·富特，法务副总裁兼首席专利顾问。

1980 年 10 月 9 日，"NCR 海外投资公司"在美国成立。1982 年 4 月

183

28日,"NCR海外投资公司"的名称变更为"NCR国际公司"。1994年2月9日,"NCR国际公司"的名称变更为"AT&T全球信息解决国际公司"。1996年1月16日,"AT&T全球信息解决国际公司"的名称又变回"NCR国际公司",即本案NCR公司。

1985年4月15日至2000年2月28日期间,NCR公司在中国大陆地区申请并被核准在第9、第16、第37、第42类商品或服务(包括计算机硬件,数据处理装置,自动取款机的安装、维护和修理,计算机领域的咨询服务、研究和开发)上注册"NCR"或者"NCR及图"商标。上述商标大部分仍处于注册有效期限内。

自NCR公司于1980年成立后,中国大陆地区的计算机、电子及经济类报刊等媒体,对该公司在中国大陆地区进行的与其上述商标核定使用商品或服务相关的商业活动进行了持续的报道。2006年12月19日,中国国际经济贸易仲裁委员会网上争议解决中心(简称"争议解决中心")公布贸仲域裁字第(2006)0202号裁决书,其中认为:NCR公司是全球关系管理技术解决方案供应商,为全球零售、金融、传讯、制造、旅游、交通及保险业等客户提供服务。中国一直是NCR公司重要的市场之一,NCR公司使用的NCR作为其英文商标在中国开展各项业务,该商标享有极高的知名度。2008年4月9日,针对"NCR公司"就案外人深圳市同友实业有限公司于2001年8月21日申请注册的第1924927号"NCR及图"商标所提异议,中华人民共和国工商行政管理总局商标局做出(2008)商标异字第01900号裁定,认定"NCR公司"注册并使用在第9类"计算机,数据处理装置"商品上的"NCR及图"商标为驰名商标,并据以裁定被异议商标不予核准注册,该裁定所涉及的结果已经生效。

2005年4月27日,李谋江注册了争议域名。

2006年3月16日,NCR公司针对争议域名向争议解决中心提出投诉,要求李谋江将争议域名转移给NCR公司。

2006年4月6日,个体工商户南昌市南昌人网络信息中心(简称"南昌人网信中心")注册成立,经营者为李谋江,经营范围包括计算机系统服务、公共软件服务、社会经济咨询、办公服务、科技中介服务,经营期限至2010年4月6日。

2006年11月22日,争议解决中心向NCR公司送达《投诉书修改通知》,称根据争议域名注册服务机构确认的注册信息,争议域名的注册人/

持有人为南昌人网信中心。NCR公司根据这一通知,将被投诉人修改为南昌人网信中心。

2006年12月7日,争议解决中心向南昌人网信中心发送程序开始通知书及投诉书。

2007年1月31日,争议解决中心公布贸仲域裁字第(2007)0030号裁决书,裁决将争议域名转移给NCR公司。

李谋江为证明其注册使用争议域名有合法正当理由,向原审法院提交了其于2006年5月27日参加江西省第五届"挑战杯"大学生创业大赛的网页打印件,NCR公司对其真实性不予认可,并且认为从该证据中也看不出NCR和李谋江有何关系。NCR公司为证明争议域名原注册人李谋江具有恶意,还向原审法院提交了与李谋江有关的其他域名查询信息以及以"域名仲裁李谋江"为关键词的Google搜索结果打印件;NCR公司为证明争议域名足以吸引相关公众注意力,导致其点击南昌人网信中心网站,还向原审法院提交了以"NCR"为关键词的Google和Baidu搜索结果打印件。

一审法院认为,争议域名的注册、使用具有恶意,判决驳回李谋江的诉讼请求。

李谋江不服原审判决提起上诉,其上诉理由是:一、根据《中国互联网络信息中心域名注册实施细则》(2002年)(简称《域名注册实施细则》(2002年))第四条的规定,域名注册申请者应当是依法登记并且能够独立承担民事责任的组织。NCR公司没有在中国登记且没有任何合法的分支机构,不具备该域名注册的主体资格,其对争议域名的任何部分根本不享有合法有效的民事权益,其对NCR标识的主张不能适用到与其毫无关系的域名注册上。二、原审判决关于李谋江对争议域名或其主要部分不享有权益,也无注册、使用该域名的正当理由的认定于法无据。李谋江于2006年4月6日注册成立南昌人网信中心,以ncr.cn为域名建立了南昌人网信中心网站(南昌人免费信息资源网),为南昌市民提供本土的非商业性的信息服务。该网站已于2006年4月11日通过国家信息产业部门备案,非经营性备案编号为:赣ICP备06004036号。据此应当认定李谋江对争议域名享有权益,有充分的注册、使用该域名的正当理由。三、没有任何证据证明李谋江为商业目的注册、使用该域名,故意造成与NCR公司的产品、服务或者网站的混淆,误导网络用户访问其网站或其他在线站点。事实上,多家企业和个人已将"ncr"作为商标申请注册,NCR公司对"ncr"标志的使用并不具有完全排他性,不能说他人使用该标志就势必会造成相关公众误解,造成混淆。李谋江建设的南昌人免费信息资源网是非经营性网站,不存在为商业目的而故意的行为,经营范围不代表经营行为,不存在李谋江与NCR公司提供相同或类似产品或服务的现象,更不会造成混淆和误认,故不应认定李谋江注册和使用争议域名具有恶意。

二审法院审理后认为,争议域名的注册、使用行为属于相关司法解释予以禁止的行为,不应予以保护,李谋江请求人民法院判决确认其合法持有争议域名的诉讼请求于法无据,法院不予支持。

二、案例分析

(一)域名的特征

随着电子商务的高速发展,域名在现代电子商务中充当着极其重要的角色。相对于一般的网络用户而言,域名可以提供一种迅速登陆特定网站的便捷服务;而对于特定的商业用户,域名能在不同的程度上凸显其商业的信息,扩大自身在行业中的影响力,取得一定的竞争优势。因此,许多企业在成立之后便注册自身的域名,扩大企业在浩瀚市场中的影响力。

根据《中国互联网络域名管理办法》规定,域名指的是互联网上识别和定位计算机的层次结构式的字符标识,与该计算机的互联网协议地址相对应。域名的特征也是极具特色的,首先域名具有非物质性,其非物质性与知识产权的客体一样,具有内在的使用价值,但却没有外在的有形物质。其次,域名是唯一能够在世界范围内具有排他的效果,因为互联网技术的要求,世界范围内对应的域名只能是唯一的,权利人获准注册后,便可以在全球的范围内排除他人使用。再次,域名具有稀缺性,简洁方便的域名自然方便网络客户的记忆,因此具有特定意义或简洁的域名当然备受商户的青睐,自然便导致特殊简洁的域名具有稀缺性。最后,域名具有商业性,域名可以将商户的信息结合在一起,在市场上具有一定的商业价值。

（二）注册、使用域名构成侵权或者不正当竞争行为的认定

《最高人民法院关于审理涉及计算机网络域名民事纠纷案件适用法律若干问题的解释》（简称《域名司法解释》）第四条的规定："人民法院审理域名纠纷案件，对符合以下各项条件的，应当认定被告注册、使用域名等行为构成侵权或者不正当竞争：（1）原告请求保护的民事权益合法有效。（2）被告域名或其主要部分构成对原告驰名商标的复制、模仿、翻译或音译；或者与原告的注册商标、域名等相同或近似，足以造成相关公众的误认。（3）被告对该域名或其主要部分不享有权益，也无注册、使用该域名的正当理由。（4）被告对该域名的注册、使用具有恶意。"

本案原被告双方的域名争议，涉及域名注册申请者的条件问题、争议域名的注册人/持有人是否对该域名享有权益问题、域名恶意注册使用的认定等问题。

1. 域名注册申请者的条件。

李谋江主张根据《域名注册实施细则》（2002年）第四条的规定，域名注册申请者应当是依法登记并且能够独立承担民事责任的组织，NCR公司没有在中国登记且没有任何合法的分支机构，故其不具备该域名注册的主体资格，其对争议域名的任何部分根本不享有合法有效的民事权益。二审法院认为，《域名注册实施细则》并未要求域名注册申请者必须是在中国依法登记并独立承担民事责任的组织，在外国依法成立的法人或其他组织，其相关权益依照国际公约和相关条约的规定，应当予以保护。根据修订后的《域名注册实施细则》（2012年）第十四条规定，任何自然人或者能独立承担民事责任的组织均可在本细则规定的顶级域名下申请注册域名。其中也并未要求域名注册申请者是中国法人或在中国有分支机构。

2. 争议域名的注册人/持有人是否对该域名享有权益。

本案当中，争议域名的注册人/持有人为南昌人网信中心。该域名在2005年4月27日注册，NCR公司在2006年3月16日针对争议域名向争议解决中心提出投诉，要求争议域名的持有人将争议域名转移给NCR公司，而南昌人网信中心在2006年4月6日才注册成立。李谋江注册成立南昌人网信中心并以ncr.cn为域名建立了南昌人网信中心网站的时间均晚于争议域名注册的时间，故李谋江关于其对争议域名或其主要部分享有权

益的上诉理由缺乏事实依据。

3. 域名恶意注册、使用的认定。

根据最高人民法院颁布的《域名司法解释》为网络域名纠纷案的司法审判实践提供了一个基本的分析框架在该司法解释中,"恶意"成为行为人注册、使用域名行为构成侵权或不正当竞争的必要条件。由于"恶意"属于主观范畴,其认定不免存在一定的主观性和模糊性。正因于此,《网络域名司法解释》第五条便提出了五项判断"恶意"是否成立的标准,具体为:

(1)为商业目的将他人驰名商标注册为域名的。(2)为商业目的注册、使用与原告的注册商标、域名等相同或近似的域名,故意造成与原告提供的产品、服务或者原告网站的混淆,误导网络用户访问其网站或其他在线站点的。(3)曾要约高价出售、出租或者以其他方式转让该域名获取不正当利益的。(4)注册域名后自己并不使用也未准备使用,而有意阻止权利人注册该域名的。(5)具有其他恶意情形的。

本案当中,李谋江注册成立的南昌人网信中心为非营利性组织,没有证据证明李谋江是为商业目的注册、使用争议域名并且故意造成与NCR公司提供的产品、服务或网站的混淆。但二审法院认为,《域名司法解释》第五条第(四)项规定的"使用"应是真实的、持续的使用,而不应当是个别的、象征性的使用。案件中李谋江向原审法院提交了其于2006年5月27日参加江西省第五届"挑战杯"大学生创业大赛的网页打印件,但不足以说明其持续的使用了该争议域名。故二审法院认定李谋江的行为构成恶意注册、使用域名。

三、讨论与思考

1. 网络域名侵权纠纷有何特殊性?
2. 网络域名侵权有哪些构成要件?
3. 如何认定当事人对该域名享有权益?
4. 如何认定注册、使用域名的行为具有恶意?

案例二　施华洛公司诉上海王星公司、王晨昀案

一、案例介绍

原告施华洛世奇有限公司（以下简称"施华洛公司"），其品牌施华洛世奇成立于1895年，该企业由第五代家族成员经营至今，是闻名世界的水晶制造商。于1987年至2001年期间，原告施华洛公司分别在我国注册了"SWAROVSKI""施华洛世奇""❷""❷施华洛世奇"四个商标。被告上海王星信息技术有限公司（以下简称"上海王星公司"）成立于2001年，另一被告王晨昀则是上海王星公司的法定代表人兼股东。2008年，被告王晨昀申请注册域名chinaswarovski.com，另一被告上海王星公司则申请注册域名 chinaswarovski.cn、swarovski8.cn、swarovski-shop.cn。2009年4月，北京市国信公证处出示了两份公证书，第一份公证书证明：在登录上述域名所指向的网站后，展现的是"施华洛世奇专卖店""施华洛世奇水晶专卖"等商业网站，该网站在醒目的位置显示了"❷"与"SWAROVSKI"等商标，并对所上架的水晶产品标示了明确的价格、品种、运费等相关信息；第二份公证书证明：原告施华洛公司委托其代理人在被告上海王星公司旗下的"施华洛世奇专卖店"，以公证的方式购买了一枚价值288元的水晶产品。在案件审理的过程中，被告上海王星公司自认其根据上述网站的客户订单，于2009年2月6月期间在淘宝网购入施华洛世奇的水晶产品再转卖给客户。另外，被告王晨昀在案件审理中将域名chinaswarovski.com转让给被告上海王星公司，而另一被告上海王星公司注册的域名chinaswarovski.cn、swarovski8.cn、swarovski-shop.cn也将于2010年7月到期，最后在法院的主持下由施华洛公司在域名到期后注册使用，被告王星公司也发表声明同意法院对该案的裁判。

在本案中，原告施华洛公司诉称：被告王晨昀与上海王星公司注册使用与"SWAROVSKI"相似的域名，并在域名所指向的网站上使用原告施华洛公司的注册商标，侵犯了原告的商标权，因此请求法院判决被告王晨

昀与上海王星公司停止使用上述域名，消除影响，赔偿损失和支付调查原告侵权行为的合理费用一共40万元。被告王晨昀和上海王星公司则辩称：域名和网站的实际使用人是上海王星公司，所销售的施华洛世奇水晶产品也是通过在淘宝网有认证的合法渠道购买，并未导致公众混淆，因此不成立侵权。

经审理查明，上海市黄浦区人民法院认为：首先，原告施华洛公司于1987—2004年期间注册的商标"SWAROVSKI""施华洛世奇"" "" "合法有效，并且在2000—2009年有多次司法或仲裁的合法维权记录，因此，认定原告施华洛公司的注册商标为公众所知晓，具有较高的社会认可度和美誉，原告对上述四个商标拥有专有权。其次，原告施华洛公司注册商标的时间早于两被告的注册时间，两被告注册的域名标识与原告施华络公司的商标标识高度相似，且使用该域名指向的网站公开销售施华洛世奇品牌的水晶产品，导致相关的网络消费者混淆或误认，因此认定原告上海王星公司注册和使用域名的行为构成商标侵权。再次，被告王晨昀在审理过程中将域名chinaswarovski.com转让给另一被告上海王星公司，且在注册后未在商业用途上使用该域名，因此，认定使用上述域名导致的侵权行为主体为上海王星公司，被告王晨昀不承担商标权侵权责任。最后，被告上海王星公司未经原告施华洛公司的授权，即在其经营的销售网站上使用施华洛公司的注册商标，构成商标权侵权；且经有关机构的鉴定，被告上海王星公司销售的施华洛世奇品牌的水晶产品为假冒产品，不能说明其合法的来源，在审理中过程中也自认销售此种水晶产品，据此认定被告上海王星公司的销售行为成立商标权侵权，而且依法不能免责。

综上，上海市黄浦区人民法院判决：第一，被告王星公司停止使用上述的四个域名，停止对相关产品的销售，停止在销售网站上使用原告施华洛的注册商标；第二，域名chinaswarovski.com归原告施华洛公司使用；第三；被告上海王星公司在《人民法院报》登报声明，赔礼道歉，消除影响；第四，被告上海王星公司向原告施华洛公司赔损失和合理维权费用共计98000元；第五，驳回原告施华洛公司请求被告王晨昀成立共同侵权的诉讼请求。本案经一审判决后，被告上海王星公司向上海市第二中级人民法院提起上诉，但是经审理认为，一审判决正确清楚，故判决驳回了上海王星公司的上诉请求。

二、案例分析

(一) 商标侵权认定的考量因素

域名的表现形式一般由普通的英文字母组成,但该组英文字母却有一个显著的特征,就是在互联网的交易环境下产生与注册商标之间相互识别的功能。这种识别功能的产生和发展,一定程度上体现了域名的商业价值,因此,巨大的商业价值也孕育着域名与注册商标的矛盾与冲突。另一方面,域名的识别功能不但体现经营的主体,而且,体现经营的产品或服务,因此,相似的域名往往导致消费者造成混淆或误认,因此认定域名的注册行为是否构成商标侵权,是审理此类案件关键环节。

按照《最高人民法院关于审理计算机网络域名民事纠纷解释》的相关规定,商标侵权认定的考虑因素有:第一,原告主张的权利是否合法有效;第二,涉案的注册域名是否与原告所属的域名相类似;第三,被告有无正当使用的理由;第四,被告主观是否存在故意。其中第二项与第四项的考虑因素应通过主客观综合分析进行判定。随后出台的《最高人民法院关于审理商标民事纠纷解释》中的第1条第3项内容,被纳入了《商标法》第52条第5项的规定中,也就是说,把"与他人注册商标相同或近似文字注册为域名,并且通过该域名进行相关产品交易的电子商务,容易使公众产生误认的"行为归入《商标法》中规定给他人造成损害的其他侵害商标行为。该布局为域名和商标权纠纷冲突时提供了区分处理的合法依据。同时在认定域名纠纷中认定商标侵权时,还应考虑在后申请的域名是否具有商业使用的行为,此规定也成为认定是否侵权的关键因素。就当事人的主观恶意而言,法律对该领域的保护采取了谨慎的态度,必须是当事人具有故意的前提下,权利人才可以将商标的保护范围扩大至域名方面。但是主观恶意的证明因为较难取证,因此,根据相关的司法解释,只要侵权人实施了其中一个行为即可推定成立侵权。

本案中,依据上述的法律规定,首先,原告施华洛公司对其注册的四个商标合法有效;其次,被告上海王星公司注册的域名与原告施华洛公司的注册商标高度类似,容易对公众造成混淆或误解;再次,被告上海王星公司对其注册和使用域名的理由无法提供合理的依据;最后,原告施华洛公司的注册商标经多年的商业使用已经具有一定的知名度和较高声誉，被告上海王星公司对此应有所知晓，但是被告上海王星公司却注册域名并建立商业网站从事相关水晶产品销售，在明知网络用户容易产生混淆或误认的前提下进行诱导，获取不法的经济利益，因此，认定被告上海王星公司具有主观恶意。另外，被告上海王星公司建立的商业网站，对外宣传经销的是施华洛世奇品牌的水晶产品，但是不能举证证明其货源的合法渠道，其行为足以导致公众误认或混淆，该行为对原告施华洛公司的注册商标构成商标专用权侵权。

（二）免责条款的适用条件

关于侵权的销售行为，我国《商标法》对此销售者不承担损害赔偿责任的情形规定了相应的免责条件：主观上销售者应当不具有过错，不知道所销售的产品侵犯他人的商标权；客观上销售者应该提供合理的证据证明其获得该产品的合法渠道，即产品的来源为合法的。在司法实践中，认定产品来源是否合法的方法有以下两种：第一，销售者能否提供涉案侵权产品的生产者，如提供厂家、买卖合同、货运单据等证据。第二，销售者能否证明是以合理的价格购入涉案侵权产品的，如销售者不能提供或提供的价格明显低于市场价格，并不能说明理由的，则认定不具合法的来源。另外，销售者对涉案侵权产品的市场价格了解也是认定进货价格是否合理的重要依据，对此做出判断时应综合分析市场销售热度，供货的速度、产品有无季度需求等客观情况。

本案中，一方面，经审理查明，被告上海王星公司在其企业网站上销售的水晶产品与原告的产品高度相似，且涉案产品由被告在淘宝网以46元的价格购买，根据社会知名度与常理，施华洛世奇品牌在国内具有较高的社会知名度和商业价值，其售价也稍高于同行，并且上海王星公司自身作为水晶产品的销售商，应知晓在淘宝网以如此低廉的价格购买所得的产品不是正品。另一方面，被告上海王星公司作为水晶产品销售商，一般应具有一定的行业鉴定能力和履行对所属产品的质量保证义务，如审查供货商的销售资格或产品质量，然而被告上海王星公司直接在淘宝网购入水晶产品再转售，据此上海王星公司未尽到合理的注意义务，也没有提供证据证明其购入水晶产品的合法来源。因此，被告上海王星公司在主观上为故意，具有过错，客观上其销售水晶产品的行为侵犯了原告施华洛公司的商标专用权。

(三) 共同侵权的认定

共同侵权,指的是二人以上共同实施侵权行为,造成他人损害的,应当承担连带责任。《中华人民共和国民法通则》与《中华人民共和国侵权责任法》虽然对共同侵权有明确的规定,但是其持有的仍是一种谨慎的态度,强调责任的承担应与行为人的主客观过错相统一,所以共同侵权中的共同性应做严于一般的认定,应认可有意思联络的共同侵权,不认可无关联的共同侵权。因此,共同侵权的认定条件有:第一,行为人为二人以上,且具有民事行为能力;第二,行为人之间具有意思联系和协作行为;第三,行为人之间具有共同的主观意思,分别有共同故意和共同过失两种;第四,侵权行为导致同一的损害结果。

本案中,在案件审理的过程中,被告王晨昀已把域名chinaswarovski.com 转让给另一被告上海王星公司,上海王星公司也发表公开声明接受上海市黄浦区法院对此案的裁判约束,故认定其转让行为是合法成立的。依据上述的转让行为,被告王晨昀并非涉案域名的实际所有人,对所转让的域名也没有商业使用的行为,更非侵权商业网站的运营人,原告施华洛公司也没有充分的证据证明被告王晨昀主观上对涉案的侵权行为有任何意思联络,或者对涉案的侵权行为有协作行为,或者导致了同一的损害结果,因此,法院判决驳回原告请求被告王晨昀与上海王星公司承担共同侵权责任的诉讼请求是正确的。

(四) 侵犯域名的法律责任

法律责任,是指对违法行为的处罚,也是对未来可能违法的潜在行为的震慑。按照《最高人民法院关于审理计算机网络域名民事纠纷解释》第8条的相关规定,当法院认定被告的侵权行为构成侵权或不正当竞争之后,具体的民事责任承担方式有三种:第一种,一般的侵权情形下,被告承担民事责任的方式为停止侵权、注销域名。第二种,在原告请求法院判决将域名归其所有的,法院可以按照案件审理的具体情况决定判决域名是否归原告所有和使用,如果判决为原告所有,则原告可以凭借判决书的内容要求相关的域名登记机构转移登记,特殊情形下,法院也可以颁发协助履行通知书。第三种,在原告有证据证明被告的侵权行为致其实际损失的情形下，法院可以判决被告承担相应的赔偿责任。法律的实体规定与程序设计，处处体现了法律兼顾各方、利益维护公平正义、减少诉讼成本和提高诉讼效力的精髓。根据设定法律的精神指引，上海市黄浦区人民法院根据原告施华洛公司的诉讼请求，依法判决了被告上海王星公司所属的 chinaswarovski.com 域名归原告施华洛公司注册使用，其余三个以 cn 结尾的涉案域名，则在法院的主持下，双方协议在到期后由原告施华洛公司注册使用，从而在效力上加快了争议的解决。按照现行法律规定，承担域名侵权的法律责任主要是民事责任方面，如果要利用法律的手段更好地解决此类纠纷，可以结合具体侵权行为的类型、社会危害性、社会影响力等因素，设计民事责任、行政责任甚至刑事责任三管齐下的责任监管体系，构建一个全方位的法律责任体制。

三、讨论与思考

1. 企业应如何预防域名侵权纠纷？
2. 网络域名侵权中的恶意应如何认定？
3. 如何认定域名的抢注行为？

第十八章 遗传资源、传统知识及民间文学艺术表达的法律保护

章前导读

遗传资源作为国家重要的战略资源，在解决粮食、健康和环境问题方面发挥着越来越重要的作用，并在商业上具有重大的潜在价值。发达国家常利用其经济和技术优势，无偿或低价地从发展中国家获取大量遗传资源及相关传统知识，并进行商业性开发利用和产品专利保护，再从提供生物遗传资源及相关传统知识的发展中国家攫取巨额利润。国际社会将这种不公平的资源掠夺行为称为"生物海盗"或"生物剽窃"（bio-piracy）现象。而传统知识也常常遭到发达国家的"生物剽窃"。传统知识在生物遗传资源开发中发挥了重要的引导作用，特别是关于植物医疗的有关传统知识，对药厂而言，这些传统知识是找到新药的捷径。

民间文学艺术作品，指的是在某一区域内的群体在长期生存生活之中，直接创作并广泛流传的，反映该区域群体的历史渊源、生活习惯、生产方式、心理特征且不断演绎的民间文化表现形式的总称。非物质文化遗产，指的是各民族世代相传并视其为文化遗产组成部分的各种传统文化表现形式，以及传统文化表现形式相关的实物和场所。

案例

案例 Enola 豆案

一、案例介绍

Larry Proctor 是美国科罗拉多州种子基地公司（POD-NERS）的董事

长,他在 1994 年从墨西哥买回了一包干豆子,其中一些黄豆子引起了他的注意。他在科罗拉多州种植了这些黄豆子,并让它们自然受精。他将这些黄豆子分成了几代培育,并声称培育出了一种在自然光下豆皮颜色四季保持一致的品种,他将其命名为 Enola 豆。两年之后,Larry Proctor 就这一品种向美国专利与商标委员会申请专利。1999 年 4 月,Larry Proctor 获得了美国专利与商标委员会颁发的专利号为 5 894 079 的专利——也就是著名的 Enola 豆专利。

根据专利申请的要求,一项发明要成为专利,必须使该领域的其他人员能够根据该专利的描述将该产品生产出来。Larry Proctor 为此向美国专利及商标委员会提供了 Enola 豆的培育方法,因此,培育 Enola 豆的方法也成了该专利的保护内容。

在获得 Enola 豆专利后,Larry Proctor 向所有进口墨西哥该类干豆的公司发出警告信,声称 Enola 豆专利是 POD-NERS 公司的知识产权,任何销售该类干豆的行为都应该向 POD-NERS 公司交专利权使用费。2001 年 11 月,Larry Proctor 对在美国销售该类干豆的 16 家干豆公司和科罗拉多州的农民提起诉讼。Larry Proctor 的 POD-NERS 公司凭借 Enola 豆专利成功阻止了其他有类似特征的花豆的进口。这导致该类干豆的进口下跌超过 90%,给墨西哥的 22 000 多名农民造成了巨大的经济损失。

在 2001 年,当时的促进农村发展国际基金会(后来的 ETC——Action Group on Erosion, Technology and Concentration)谴责 Enola 豆专利是对墨西哥的生物剽窃,应该对专利提出异议并且撤销该专利。国际热带农作物中心(International Center for Tropical Agriculture)也对这个专利提出了异议,国家热带农作物中心收集了大量的豆类品种,并声称其收集的 260 种黄色的豆子品种中,有 6 个品种与 Enola 豆非常相似,可能与其专利申请书相符合,并声称这种豆子是墨西哥人首先培育出来的,而并非美国人 Larry Proctor。经过一系列的努力,2008 年 3 月,Enola 豆的专利才被撤销。

二、案例分析

(一)遗传资源的概念

关于遗传资源的概念,以《生物多样性公约》(以下简称《公约》)

（*Convention on Biological Diversity*）的定义最为权威。《公约》第 2 条用语中对一系列有关生物多样性的用语提供了定义。其中，"生物多样性"是指所有来源的活的生物体中的变异性，这些来源包括陆地、海洋和其他水生生态系统及其所构成的生态综合体；这包括物种内、物种之间和生态系统的多样性。"生物资源"是指对人类具有实际或潜在用途或价值的遗传资源、生物体或其部分、生物种群或生态系统中任何其他生物组成部分。"遗传材料"是指来自植物、动物、微生物或其他来源的任何含有遗传功能单位的材料。"遗传资源"是指具有实际或潜在价值的遗传材料。

我国国家环保总局认为，生物遗传资源是指具有实用或潜在实用价值的任何含有遗传功能的材料，包括动物、植物、微生物的 DNA、基因、基因组、细胞、组织、器官等遗传材料及相关信息。我国 2010 年修订的《专利法实施细则》第 26 条规定，专利法所称的遗传资源，是指取自人体、动物、植物或者微生物等含有遗传功能单位并具有实际或者潜在价值的材料；专利法所称依赖遗传资源完成的发明创造，是指利用了遗传资源的遗传功能完成的发明创造。

遗传资源的产生并非一朝一夕的事情，而是一个长期的过程，往往不仅是现在持有者的培养和保护，而是经过数代人、数十代人、数百代人甚至更长时间的过程；而且遗传资源依存于当地生态环境，与当地土著和地方社区的生活方式、习惯做法和实践密切相关。

（二）生物剽窃

一般而言，发展中国家生物多样性丰富，但经济基础薄弱，生物技术落后；而发达国家生物多样性贫乏，但经济实力雄厚，生物技术发达。发达国家常利用其经济和技术优势，无偿或低价地从发展中国家获取大量的遗传资源及相关传统知识，并进行商业性开发利用和产品专利保护，再从提供生物遗传资源及相关传统知识的发展中国家攫取巨额利润。国际社会将这种不公平的资源掠夺行为称为"生物海盗"或"生物剽窃"（bio-piracy）现象。

在本案当中，当一位来自 Chihuahua 的 65 岁墨西哥农民 Villalobos 被告知他们的黄豆子被限制进入美国市场的情况时，他愤怒地称 POD-NERS 公司为土匪。像其他许多墨西哥农民一样，Villalobos 是吃着这种黄豆子长大的。事实上，豆类是墨西哥人的主食，调查发现 98% 的受访西北部墨西哥人都食用这种黄豆子,他们称之为"Azufrado"或者"Mayacoba"。多年前,考古学家在墨西哥 Peruvian Andes 的洞穴里面发现了这些黄豆子。考古学家发现,这类豆子在印加文明之前就存在。1978 年,墨西哥的农学家将两种黄色的豆子品种杂交,培育出了现在的黄豆子,他们将它称为"Mayacoba"。

Larry Proctor 声称传统的 Mayacoba 豆和 Enola 豆是不同的,当被问到为什么进口 Mayacoba 豆侵犯了他的 Enola 豆专利权时,他则称可能是墨西哥移民从他的土地上偷了 Enola 豆。最后,经过位于洛杉矶和芝加哥的温室鉴定,发现两类豆子实际是可互换的。

(三) 遗传资源知识产权的惠益分享原则

遗传资源及相关传统知识在社会经济发展中的重要作用日益显现,针对频繁发生的"生物海盗"现象,1992 年,在发展中国家主导下,《生物多样性公约》(CBD)(以下简称《公约》)得到了签署。《公约》重申了国家对自然资源拥有永久主权的原则,认识到土著和当地社区与生物资源相互依存的密切关系,因而在开发、利用土著和当地社区的遗传资源和传统知识时,应与他们公平分享由此产生的惠益。至此,遗传资源及相关传统知识的获取与惠益分享(Access and Benefit Sharing,ABS)问题成为国际论坛的热点。

ABS 制度作为平衡各方利益的制度考量,其目标是设计制度上的协作方案,承认商业开发中各利益相关方所做贡献的价值,并合理分享基于各自贡献可以获得的惠益。因此,与其说 ABS 是制度设计问题,毋宁说是经济利益平衡问题。CBD 确立的 ABS 原则承认和尊重商业开发、科学研究中遗传资源及传统知识提供者的权利。因此,惠益分享实质上是谈判条件,其必然通过合同的方式来进行,这也是各国的普遍做法。但在王艳杰等人对国内外 108 个生物剽窃案例进行分析后发现,只查到 6 个案例具有惠益分享证据,其余案例都没有惠益分享协议、证据和相关资料。有些虽然签订了惠益分享协议,但缺乏实质性内容,如美国罗格斯大学利用非洲肉豆蔻和小花风车子治疗老年痴呆、中风及治疗血糖异常的 2 个案例中,虽然发布了一项惠益分享协议,但是协议文本缺乏逻辑,无实质内容,根本无法实现惠益分享。另外还有些惠益分享协议虽然有利益分享,但微乎其微。

三、讨论与思考

1. 保护遗传资源有哪些重要性?
2. 生物剽窃对发展中国家有哪些危害?
3. 如何在保障发展中国家利益的同时开发遗传资源?

第十九章　知识产权保护综合案例分析

章前导读

世界贸易组织（World Trade Organization，WTO）在《与贸易有关的知识产权协议》（TRIPS）对国际贸易中的知识产权保护水平提出明确的要求，所有WTO成员国都受其约束，并全面实施TRIPS协议。TRIPS协议的目的是双重的：既要对知识产权实施充分有效的保护，又要保证知识产权保护的程序和措施本身不成为合法贸易的障碍。TRIPS协议对各类别的知识产权保护都规定了最低保护标准，并要求各成员国为实施这些标准制定保护程序和救济措施，还规定了成员国相互提供国民待遇和最惠国待遇的原则。

案例

案例一 "FACEBOOK" 商标异议复审案

一、案例介绍

上诉人（原审原告）菲丝博克公司（FACEBOOK，脸谱），住所地为美利坚合众国加利福尼亚州帕洛阿尔托市大学路156号。

被上诉人（原审被告）中华人民共和国国家工商行政管理总局商标评审委员会，住所地为中华人民共和国北京市西城区茶马南街1号。

原审第三人苏某。

菲丝博克公司是创办于美国的一个社交网络服务网站，于 2004 年 2 月 4 日上线，是世界排名领先的照片分享站点，脸谱拥有用户超过 10 亿。

2006 年 3 月 30 日，菲丝博克公司向中华人民共和国国家工商行政管理总局商标局（简称"商标局"）提出申请注册第 5251161 号"FACEBOOK"商标（简称"引证商标一"），该商标于 2009 年 7 月 7 日核准注册，核定使用在第 35 类商品或服务：提供与校园生活、广告张贴的分类安排、虚拟社区、社区网络、照片分享、时尚追踪有关的在线名录商业信息服务。该商标专用权期限至 2019 年 7 月 6 日。

2006 年 3 月 30 日，菲丝博克公司向商标局提出申请注册第 5251162 号"FACEBOOK"商标（简称"引证商标二"），该商标于 2009 年 9 月 21 日核准注册，核定使用在第 38 类商品或服务：为注册的用户传送与校园生活、广告张贴的分类安排、虚拟社区、社区网络、照片分享、时尚追踪有关的在线聊天室服务。该商标专用权期限至 2019 年 9 月 20 日。

苏某于 2006 年 5 月 19 日向商标局提出注册申请第 5359959 号"FACEBOOK"商标（简称"被异议商标"），经初审公告，指定使用在第 42 类商品或服务：研究与开发（替他人）、计算机编程、计算机软件设计、计算机软件更新、计算机软件维护、计算机系统设计、替他人创建和维护网站、主持计算机站（网站）、把有形的数据和文件转换成电子媒体、为计算机用户间交换数据提供即时连接服务。

针对异议商标的注册申请，菲丝博克公司在法定期限内向商标局提出异议。但商标局裁定菲丝博克公司的异议不成立。菲丝博克公司不服商标局的上述裁定，向中华人民共和国国家工商行政管理总局商标评审委员会（简称"商标评审委员会"）提出异议复审申请。

菲丝博克公司有以下主张：

1. 被异议商标与引证商标一、二构成类似服务上的近似商标。

2. 苏某是以不正当手段抢先注册菲丝博克公司已经使用并有一定影响的商标。

3. 被异议商标损害了菲丝博克公司的在先企业名称权及商号权。

4. 苏某恶意复制、摹仿菲丝博克公司商标的行为，违反了诚实信用原则，且易造成不良的社会影响；被异议商标的注册和使用易造成相关公众的混淆误认。

5. 菲丝博克公司的"FACEBOOK"商标符合中国驰名商标的认定条

件。被异议商标构成对菲丝博克公司驰名商标的复制模仿,其注册将淡化菲丝博克公司的驰名商标。

商标评审委员会依据2001年修正的《中华人民共和国商标法》(简称"2001年《商标法》")第十条第一款第(八)项的规定,即有害于社会主义道德风尚或者有其他不良影响的标志不得作为商标使用,裁定不予核准注册被异议商标,同时驳回菲丝博克公司的其他申请理由。

菲丝博克公司服从异议商标不予注册的裁定,但不服裁定的其他内容,于是向法院提起行政诉讼。一、二审法院均驳回了菲丝博克公司的诉讼请求。

二、案例分析

(一) 异议商标与引证商标一、二是否使用于同类服务

2001年《商标法》第二十九条的规定,两个或者两个以上的商标注册申请人,在同一种商品或者类似商品上,以相同或者近似的商标申请注册的,初步审定并公告申请在先的商标;同一天申请的,初步审定并公告使用在先的商标,驳回其他人的申请,不予公告。

异议商标申请注册的使用范围是第42类的研究与开发(替他人)、计算机编程、计算机软件设计、计算机软件更新、计算机软件维护、计算机系统设计、替他人创建和维护网站、主持计算机站(网站)、把有形的数据和文件转换成电子媒体、为计算机用户间交换数据提供即时连接服务上。而引证商标的使用范围是:提供与校园生活、广告张贴的分类安排、虚拟社区、社区网络、照片分享、时尚追踪有关的在线名录商业信息服务等。一、二审法院均认为异议商标与引证商标的使用范围不属于同类型,因此认定异议商标的注册申请不违反2001年《商标法》第二十九条的规定。

(二) 异议商标是否侵犯菲丝博克公司的在先权利

2001年《商标法》第三十一条规定,申请商标注册不得损害他人现有的在先权利,也不得以不正当手段抢先注册他人已经使用并有一定影响的商标。菲丝博克公司在全球拥有广大的用户,其"FACEBOOK"商标在

全球具有一定的知名度，但菲丝博克公司无法提供证据证明其商标已在第42类的"研究与开发、计算机编程"等服务或类似服务上使用。

（三）菲丝博克公司的"FACEBOOK"商标是否构成驰名商标

2001年《商标法》第十四条确定了驰名商标的认定标准，具体包括：（1）相关公众对该商标的知晓程度。（2）该商标使用的持续时间。（3）该商标的任何宣传工作的持续时间、程度和地理范围。（4）该商标作为驰名商标受保护的记录。（5）该商标驰名的其他因素。

依据2001年《商标法》第十三条的规定，就相同或者类似商品申请注册的商标是复制、摹仿或者翻译他人未在中国注册的驰名商标，容易导致混淆的，不予注册并禁止使用。就不相同或者不相类似商品申请注册的商标是复制、摹仿或者翻译他人已经在中国注册的驰名商标，误导公众，致使该驰名商标注册人的利益可能受到损害的，不予注册并禁止使用。

本案当中，菲丝博克公司无法提供其"FACEBOOK"商标在社交网络等服务上在中国大陆市场的销售范围、市场占有率等材料。据此法院认定菲丝博克公司的"FACEBOOK"商标不构成驰名商标。

（四）以欺骗手段或者其他不正当手段取得注册商标的规定

2001年《商标法》第四十一条规定："已经注册的商标，违反本法第十条、第十一条、第十二条规定的，或者是以欺骗手段或者其他不正当手段取得注册的，由商标局撤销该注册商标；其他单位或者个人可以请求商标评审委员会裁定撤销该注册商标。"（该规定内容体现在2013年修正的《商标法》第四十四条中）

针对商标法的该条规定，最高院在《最高人民法院关于审理商标授权确权行政案件若干问题的规定》中指出，以欺骗手段以外的其他方式扰乱商标注册秩序、损害公共利益、不正当占用公共资源或者谋取不正当利益的，人民法院可以认定其属于《商标法》（2013年修正）第四十四条第一款规定的"其他不正当手段"。

二审法院认为，虽然根据该项规定的文义，其只能适用于已注册商标的撤销程序，而不适用于商标申请审查及核准程序。但是，对于在商标申请审查及核准程序中发现的以欺骗手段或者其他不正当手段申请商标注册的行为，若不予制止，显然不利于及时制止前述不正当注册行为。据此，二审法院认为前述立法精神应当贯穿于商标申请审查、核准及撤销程序的始终。此外，二审法院指出，对"其他不正当手段"的认定应采取审慎的态度，既要考虑当事人是否以囤积商标进而通过转让等方式牟取商业利益为目的，大量申请注册他人具有较高知名度的商标；又要注意保护当事人在不相类似的商品或服务上注册相同或近似的标志的权利，防止非相关主体对特定标志的垄断。

本案当中，没有证据显示苏某存在囤积商标的行为，同时菲丝博克公司也无法提供证据证明其商标已在第42类的"研究与开发、计算机编程"等服务或类似服务上使用，故二审法院认定异议商标的注册不违反2001年《商标法》第四十一条规定。

（五）有关禁止作为商标使用的文字、图形的规定

2001年《商标法》第十条规定，下列标志不得作为商标使用：（1）同中华人民共和国的国家名称、国旗、国徽、军旗、勋章相同或者近似的，以及同中央国家机关所在地特定地点的名称或者标志性建筑物的名称、图形相同的。（2）同外国的国家名称、国旗、国徽、军旗相同或者近似的，但该国政府同意的除外。（3）同政府间国际组织的名称、旗帜、徽记相同或者近似的，但经该组织同意或者不易误导公众的除外。（4）与表明实施控制、予以保证的官方标志、检验印记相同或者近似的，但经授权的除外。（5）同"红十字""红新月"的名称、标志相同或者近似的。（6）带有民族歧视性的。（7）夸大宣传并带有欺骗性的。（8）有害于社会主义道德风尚或者有其他不良影响的。

根据该条规定，上述标志是禁止作为商标使用的。本案当中，商标评审委员会以异议商标注册会造成"其他不良影响"为由，裁定该异议商标不予核准注册。按此推论，"FACEBOOK"商标是不能作为商标使用的，而事实上"FACEBOOK"商标已由菲丝博克公司在第35类和第38类等商品或服务上注册成功。因此，笔者认为商标评审委员裁定异议商标不予核准注册的理由值得商榷。

三、讨论与思考

1. 驰名商标的认定标准是什么？
2. 简述商标法（2013 修正）第四十四条的适用情形。

案例二 苹果公司告深圳唯冠公司案

一、案例介绍

被告唯冠科技（深圳）有限公司（以下简称"深圳唯冠公司"）是由台湾商人杨荣山一手创立，于 1995 年 6 月成立于深圳。其母公司唯冠国际控股有限公司（以下简称"唯冠控股公司"）则于 1989 年成立于中国香港，并在海内外拥有多家子公司或分公司，业务遍布中国台湾、美国、英国等地区，其中深圳唯冠公司是唯冠控股公司最为重要的生产和科研基地。涉案的另一家子公司台湾唯冠电子股份有限公司（以下简称"台湾唯冠公司"）是根据台湾地区法律设立的子公司。从 2000 年开始，唯冠控股公司就以台湾唯冠公司为主体先后向欧盟、韩国、印度尼西亚等国家和地区申请注册了"IPAD"图形和文字商标，截至 2004 年，台湾唯冠公司共计获得 8 个"IPAD"商标。其中于 2001 年，深圳唯冠公司在国内独立申请的"IPAD"商标也获得核准。时至 2009 年 12 月，一家来自英国的 IP 申请发展有限公司（以下简称"IP 公司"）与台湾唯冠公司签署协议，约定台湾唯冠公司以 3.5 万英镑的价格向 IP 公司转让其拥有的 8 个地区和国家的 10 个"IPAD"商标。随后几个月，在美国苹果公司的平板电脑 IPAD 上市销售之后，IP 公司将受让回来的 10 个"IPAD"商标以 10 万英镑的价格，全部转让给美国苹果公司。

2010 年 1 月，原告美国苹果公司凭借与另一原告 IP 公司的商标转让合同，向中国国家商标局提出办理"IPAD"商标转让申请被拒，原告苹果公司随即开始与被告深圳唯冠公司商讨商标转让，但是被告深圳唯冠公司辩称：与 IP 公司签署商标转让合同的为台湾唯冠公司，而台湾唯冠公司与深圳唯冠公司是两家不同法律主体的公司,台湾唯冠公司在没有深圳唯冠公司的正式授权下擅自转让其"IPAD"商标的行为为无权处分。因此,深圳唯冠公司并不是此商标转让合同的当事人,自然也不用承担转让"IPAD"商标的义务。至此,原告美国苹果公司与IP公司分别在中国香港高等法院和深圳市中级人民法院起诉深圳唯冠公司,主张"IPAD"商标转让合同成立表见代理,请求法院判决国内的"IPAD"商标归美国苹果公司所有。与此同时,原告苹果公司与IP公司向深圳市中级人民法院申请财产保全,查封深圳唯冠公司的"IPAD"商标。

经深圳市中级人民法院审理查明,该案的性质为商标权确权纠纷,争议的商标转让合同不构成表见代理,因为该合同是原告IP公司代表人Hand Wood与台湾唯冠公司法务部主管麦世宏签订,没有任何迹象表明被告深圳唯冠公司与台湾唯冠公司有书面的委托或者授权协议,被告深圳唯冠公司与台湾唯冠公司又是身处不同地区的不同法人单位,因此,认定原告美国苹果公司与IP公司表见代理的主张不能成立,商标转让合同对原告深圳唯冠公司不产生效力。最终,深圳市中级人民法院判决驳回原告诉讼请求。随后两原告不服一审判决,向广东省高级人民法院提起上诉,最终原被告双方在广东省高级人民法院的调解下,达成调解协议,原告美国苹果公司向被告深圳唯冠公司支付6000万美金,一揽子解决了"IPAD"商标的权属问题。

二、案例分析

(一)关于案件的定性

民事案件的案由不但可以反映涉案的民事法律关系和性质,而且可以对涉案的法律关系进行高度的概括。但是现行的法律体制下却没有对民事案件的案由给出一个明确的界定,《中华人民共和国民事诉讼法》中也只是分别规定了开庭公告、开庭程序、判决书和上诉状方面等需要明确案由。因此,建立一个完善的案由规定体系,有助于原被告确定诉讼理由,有助于法院确定对案件的管辖和确定案件争议焦点,有助于法官准确地适用法律,有助于法院对案件的分类诉讼管理,从而提高法院对案件的审判公信力与审判效率,为法官的判决提供价值性的参考。而在本案中,案由的确定对案件的审理具有关键的促进作用，关系到本案当事人是否适格，管辖权是否正确和法律如何适用等问题。

商标权确权纠纷，指的是所有人与异议人之间关于商标所有权的争议；商标权转让合同纠纷，指的是关于商标权转让合同的成立与生效方面的争议。根据最高人民法院修改后的民事案由规定，法院应按照物权变动和结果区分原则确定案件的案由，进行分类诉讼管理。但是该法律解释没有对商标权确权纠纷和商标权转让合同纠纷的区别做出界定。按照法理，合同具有相对性，基于合同发生的债权是相对权；而商标权是知识产权的其中一种，因此，商标权是绝对权、支配权。所谓物权变动，一般指的是合同双方基于合同发生的债权关系，在履行交付或登记的义务后，即发生物权变动的效果。按照此模式，知识产权的变动也是以债权的发生为前提，按照知识产权法的规定履行登记手续后，即发生知识产权变动的效果。据此，知识产权的转让一般是基于合同行为而发生的。本案中，深圳市中级人民法院认为是属商标权权属纠纷，但判决书并没有对此定性做出说明。纵观全案，深圳唯冠公司与 IP 公司的争议焦点在于台湾唯冠公司与 IP 公司签订的商标权转让合同对深圳唯冠公司是否产生约束力的问题，而不是商标权的权属争议，在此之前深圳唯冠公司与 IP 公司也没有涉及商标申请或共有的纠纷。因此，深圳唯冠公司与 IP 公司的民事纠纷在于台湾唯冠公司和 IP 公司的商标权转让合同是否对其产生法律约束力，本案的定性应该是属商标权转让合同纠纷。

（二）关于表见代理

所谓表见代理，我国《中华人民共和国合同法》第 49 条做出了明确的规定，表见代理是指行为人没有代理权、超越代理权或者代理权终止后以被代理人名义订立合同，相对人有理由相信行为人有代理权的，该代理行为有效。表见代理系基于交易安全保护思想而产生，对于无权代理的善意相对人提供积极信赖保护的制度，其属于广义的无权代理，但是在满足交易相对人为善意并有正当理由相信行为人具有代理权的条件下，却能发生有权代理的法律效果。但是，我国现行的法律规定没有对表见代理的认定标准做出一个明确的规定，司法实践中的认定标准不一，导致了表见代理适用的不确定性。

本案中，原告美国苹果公司在一审中曾提出，深圳唯冠公司应当承受商标权权转让协议义务的一个理由是，与 IP 公司签订商标权转让合同的台湾唯冠公司法务部主管麦世宏身兼多职，同时也是深圳唯冠公司的法务部主管，因此提出表见代理。而深圳市中级人民法院则认为，即使台湾唯冠公司与深圳唯冠公司的法定代表人杨荣山为同一个人，但是台湾唯冠公司法定代表人授权书中明确说明，授权的代表为台湾唯冠公司。另一方面，原告 IP 公司也没有充分的证据证明法务部主管麦世宏以深圳唯冠公司的员工身份参与定义商标权转让合同。

据此，权利外观因素的考量是法院认定表见代理成立与否的关键。根据台湾学者王泽鉴的观点，表见代理中的权利外观，指的是本人的授权行为已经在外部形成一种表象，即能够使第三人有合理理由相信物权代理人已经获得了授权。判断权利外观的因素有以下五项：第一，权利人与无权代理人的关系。合理的理由必须有合理的依据，如果当事人之间曾有过劳动、雇佣等关系，则可以对双方的特殊关系做出认定。第二，特殊的交易场所。特殊的交易场所，如交易的完成在权利人的办公范围内，则有合理的理由对特殊的交易场所做出认定。第三，权利人的行为。权利人是否承担无权代理的法律义务，是否在代理终止后收回代理证明，等。第四，无权代理人的行为。如果无权代理人的身份是特定的，曾作为权利人的代理人从事民商事活动，或具有高管身份，则可能有理由让相对人确信其拥有合法的代理权限。第五，拥有正当代理权的证明。一般情形如果无权代理人拥有如下证明时，可以认定具有代理权：单位的代理证、介绍信、印章、合同及其他证明资料。综上，权利外观因素的判断还应结合具体的情况，如权利人与无权代理人分属不同的法人单位，但是他们的法定代表人出现重合的情况下，对于无权代理人的代理行为是否构成表见代理从而对权利人产生法律约束力，应根据区分原则以及相对人有无正当理由相信进行认定。

本案中的关键争议是 IP 公司有无正当的理由相信台湾唯冠公司拥有深圳唯冠公司的代理权，也就是说，法定代表人杨荣山对台湾唯冠公司的授权是否使 IP 公司认为法务部主管麦世宏也拥有深圳唯冠公司的代理权。结合本案事实，法定代表人杨荣山对法务部主管麦世宏的授权书中不但附有台湾唯冠公司的企业印章，还有杨荣山本人的签名，这就表明了法定代表人杨荣山的授权对象只是台湾唯冠公司。因此，深圳市中级人民法院认定本案表见代理不成立，驳回两原告诉讼请求的判决是正确的。关于本案是否成立表见代理认定关键就是台湾唯冠公司的企业印章,如果授权书当初没有台湾唯冠公司的企业印章,该案就具有表见代理权利外观的可能。

(三)关于台湾唯冠公司的无权处分

台湾唯冠公司未经深圳唯冠公司的书面授权,向 IP 公司转让深圳唯冠公司名下"IPAD"商标的行为,构成无权处分,而且事后深圳唯冠公司并没有对台湾唯冠公司的商标权转让行为进行追认,因此,两原告美国苹果公司与 IP 公司无权要求深圳唯冠公司承当指定的合同义务。但是,根据合同的相对性原则,IP 公司可以依据商标权转让合同的约定充当原告,要求台湾唯冠公司承担相应的违约责任。

经查明,台湾唯冠公司与 IP 公司签署商标权转让合同约定该合同由香港特别行政区的法律排他性管辖,本合同的签订地在中国台湾,专属管辖地是中国香港,因此,深圳市中级人民法院对该商标权转让合同没有管辖权,原告 IP 公司若要追究台湾唯冠公司的违约责任,则需前往中国香港特别行政区的法院起诉。

(四)关于商标连续三年不使用的认定

我国《商标法》有明确的规定,如果注册商标连续三年不使用,商标局可以撤销该商标。在实践中,国家工商总局在《商标审查及审理标准》中对商标的撤销标准出台了相关的规定:第一,时限的要求,必须符合连续三年无间断没有使用;第二,起算时间的要求,起算的时间由当事人向商标局提出申请之日向前推算三年;第三,商标的使用及其表现形式的要求,所谓的使用,必须是商事使用,具体表现形式包括商事推广、展览和包装等;第四,符合《商标法》意义上的使用要求,如商标所有者的专有权声明则不包括在内;第五,举证及其举证材料的要求,一般情形下由商标注册人承担三年内有使用注册商标或有正当理由的举证责任。关于正当理由,《商标审查及审理标准》也做了相关的规定,如不可抗力、政府的政策性调整行为、企业破产行为及其他不可归咎的正当理由。

本案中,被告深圳唯冠公司曾经是全球四大显示器制造厂家,在 2001 年注册"IPAD"商标后将其应用在其生产的电子产品上。但是,在 2008 年的金融风暴之后,深圳唯冠公司由于经营不善,引发了企业的债务危机,各种产品也严重滞销,面临破产。此时,如果原告美国苹果公司向国家商标局提出了撤销"IPAD"商标的申请，根据国家工商总局出台的《商标审查及审理标准》要求，被告深圳唯冠公司需提出连续三年使用商标的证明或说明其具有不可归咎的正当理由。根据现行的《商标法》规定，当美国苹果公司提出上述申请之后，一般商标局的处理程序是先予以公告，公告期满后该注册商标从撤销决定之日起终止。换句话说，就是在注册商标被撤销之前，深圳唯冠公司对"IPAD"依然拥有专有权，美国苹果公司继续销售 IPAD 平板电脑的行为必然导致侵权。在商标权异议或侵权案件审理程序中，如第三人提出商标权三年未使用应被撤销的主张，法院或商标局一般会告知第三人通过商标撤销程序另行处理此问题，然后在撤销程序完结后，此主张才能作为正当的抗辩事由加以应用。而恰恰是这样的程序设计，会导致一个不必要的问题出现，就是本应该被撤销商标，却还可以发生阻却他人使用的效力，由此体现了该商标撤销程序不合理的一面。

三、讨论与思考

1. 企业在制定商标策略时应注意哪些问题？
2. 表见代理中的权利外观有何构成要件？
3. 如何完善注册商标不使用的处理程序？

主要参考文献

[1] Stewart, Andrew. *Intellectual Property in Australia*. Chatswood, N. S. W [M]. LexisNexis Butterworths, 2013.

[2] Brooktree v. Advanced Micro Devices. 977 F. 2d 1555. 1992.

[3] The British Horseracing Board Ltd and Others v. William Hill Organization Ltd. Case C – 203/02 [N/OL]. Judgment of the Court (Grand Chamber) of 9 November 2004.

[4] British Horseracing Board v. William Hill [N/OL]. http://www. 5rb. com/case/british-horseracing-board-v-william-hill/2015. 10. 20.

[5] Paul Torremans. *Holyoak and Torremans Intellectual Property Law* [M]. Oxford: United Kingdom Oxford University Press, 2013.

[6] Danielle Goldberg. JACK AND THE ENOLA BEAN [N/OL]. http://www1. american. edu/TED/enola-bean. htm. 2015 – 10 – 24.

[7] [澳] 马克·戴维森. 数据库的法律保护 [M]. 北京：北京大学出版社, 2007.

[8] 《中国指导案例》编委会. 人民法院指导案例裁判要旨汇览（知识产权卷）[M]. 北京：中国法制出版社, 2014.

[9] 吴国新. 国际贸易实务 [M]. 北京：清华大学出版社, 2011.

[10] 刘德标, 罗凤翔. 国际贸易实务案例分析 [M]. 北京：中国商务出版社, 2008.

[11] 朱春兰. 新编国际贸易实务案例分析 [M]. 大连：大连理工大学出版社, 2016.

[12] 陈霜华. 国际服务贸易 [M]. 上海：复旦大学出版社, 2010.

[13] 黄卫平. 国际贸易：理论与政策 [M]. 北京：中国人民大学出版社, 2014.

[14] 于强. 国际贸易术语解释通则 Incoterms® 2010 深度解读与案例分析 [M]. 北京：中国海关出版社, 2011.

[15] 石玉川, 周婷. 国际贸易术语惯例与案例分析 [M]. 北京：对外经

济贸易大学出版社，2007.
[16] 游新宇. 国际贸易实务 [M]. 成都：西南财经大学出版社，2011.
[17] 杨叶璇. 商标权的客体应当是商标所承载的商誉——对未注册驰名商标的保护 [J]. 中国发明与专利，2007（3）.
[18] 于春辉，欧宏伟. 审理侵犯集成电路布图设计专有权纠纷案件若干问题研究 [J]. 科技与法律，2010（6）.
[19] 袁秀挺，胡宓. 搜索引擎商标侵权及不正当竞争的认定与责任承担——网络环境商标间接侵权"第一案"评析 [J]. 法学，2009（4）.
[20] 张马林，刘利，刘宇迪. 网络域名侵权的法律认定程序及基准 [J]. 情报科学，2013（8）.
[21] 赵林青. 对域名法律保护的思考——以域名与商标的冲突为视角 [J]. 法学杂志，2007（5）.
[22] 祝建军. 集成电路布图设计专有权的保护 [J]. 人民司法，2011（4）.
[23] 祝建军. 疏忽交易 无奈败诉——评深圳中院判决的 IPAD、IPAD 商标权属纠纷案 [J]. 电子知识产权，2012（2）.
[24] 胡开忠. 反向工二程的合法性及实施条件 [J]. 法学研究，2010（3）.
[25] 郑胜利. 论集成电路布图设计保护法 [J]. 科技与法律，1992（2）.
[26] 冯晓青. 未注册驰名商标保护及其制度完善 [J]. 法学家，2012（4）.
[27] 邱均平，王钰. 平衡论视角下的数据库知识产权保护 [J]. 图书馆工作与研究，2007（4）.
[28] 刘梅. 国内外数据库权益保护模式比较研究 [J]. 图书馆学研究，2009（8）.
[29] 秦天宝. 论遗传资源获取与惠益分享中的事先知情同意制度 [J]. 现代法学，2008（3）.
[30] 沈燕清. 从菲律宾的劳务输出看中新劳务合作 [J]. 南洋问题研究，2004（4）.
[31] 张马林，刘利，刘宇迪. 网络域名侵权的法律认定程序及基准 [J]. 情报科学，2013（8）.

［32］程子薇. 域名纠纷中的恶意认定研究——以不确定概念理论为分析工具［J］. 华东政法大学学报，2014（1）.

［33］赵富伟，薛达元. 遗传资源获取与惠益分享制度的国际趋势及国家立法问题探讨［J］. 生态与农村环境学报，2008（2）.

［34］王艳杰，武建勇，赵富伟，薛达元. 全球生物剽窃案例分析与中国应对措施［J］. 生态与农村环境学报，2014（2）.

［35］王莲峰. 论我国商标法使用条款之完善——以 IPAD 商标纠纷案为视角［J］. 知识产权，2012（4）.

［36］肖永平，谢湘辉. 从 IPAD 商标确权案看知识产权案件的识别［J］. 武汉大学学报，2013（6）.

［37］王泉香. 集成电路布图设计的知识产权保护［D］. 上海：华东政法大学，2006.

［38］龚雯怡. 集成电路布图设计的侵权判断标准研究［D］. 上海：华东政法大学，2015.

［39］郑重. 遗传资源利用中的国际知识产权保护［D］. 上海：复旦大学，2009.

［40］杨虹. 中澳自贸区升级版谈判：服务业开放将成热点［N］. 中国经济导报，2017-06-28.

［41］钟良. 粤港合作的新主题：服务贸易自由化［N］. 21世纪报道，2012-07-03.

［42］OpenLaw 裁判文书检索［OL］. http://openlaw.cn/judgement/2683da3a62fc4242b498a386e3825511?keyword=%E6%B1%9F%E8%8B%8F%E8%81%94%E7%8E%AF%E8%8D%AF%E4%B8%9A. 2017-8-1.

［43］裁判文书检索［OL］. http://wenshu.court.gov.cn/content/content?DocID=f03c9aff-b647-11e3-84e9-5cf3fc0c2c18. 2017-12-5.

［44］裁判文书检索［OL］. http://wenshu.court.gov.cn/content/content?DocID=433f2c93-c108-47ba-bf56-a7ef0010d390&KeyWord=%E8%8F%B2%E4%B8%9D%E5%8D%9A%E5%85%8B. 2017-12-5.